TANJA DUSY

Lieblingsrezepte aus deinem

AIR FRYER

Tolle Ideen zum
Frittieren, Backen,
Braten und Grillen

TANJA DUSY

Lieblingsrezepte aus deinem

AIR FRYER

Tolle Ideen zum Frittieren, Backen, Braten und Grillen

Inhalt

Du hast spontan Lust auf einen Imbiss, aber null Bock auf lange Kocharien? Dann wirf einfach deinen Airfryer an. Ruckzuck stehen dann Snacks und Kleinigkeiten auf dem Tisch!

Gemüse kann mehr als nur gesund. Bunt, gut gewürzt und cool in heißer Luft gegart überzeugt es alle. Im Salat, als Beilage oder mit Linsen, Kichererbsen oder Tofu gemixt macht es fleischlos glücklich.

82

Fisch & Fleisch

Von wegen fettiges, ungesundes Fastfood: Im Airfryer gelingen Cheeseburger, Chicken Nuggets, Schnitzel und Fischstäbchen schlank und speedy, aber trotzdem saftig, kross und unverschämt lecker.

112

Voll süß

Auch für Süßes ist der Airfryer zu haben: Donuts, Churros oder Brownies werden darin einfach schlanker. Spar dir den Weg zum Bäcker und rühr den Kuchen lieber direkt in deiner Kaffeetasse an.

Let’s get started
Let’s get started
Let’s get start

Mehr als heiße Luft

Es gibt kaum etwas, was er nicht kann: Frittieren, Backen, Braten oder Grillen – das alles schafft ein Airfryer mühelos. Ganz nebenbei spart er dabei Fett, Strom und Zeit. Höchste Zeit, damit loszulegen!

Dein neuer Alleskönner in der Küche

Du hast schon einen in der Küche stehen? Dann herzlichen Glückwunsch! Du suchst noch einen, der perfekt zu dir passt? Schau hier, worauf du achten solltest!

Airfryer gibt es inzwischen in verschiedensten Formen und Designs, mal größer oder kleiner, mit mehr oder weniger Zubehör und von gut erschwinglich bis ganz schön teuer. Was aber alle eint, ist ihre Funktionsweise.

prepare it fry it enjoy it prepare it fry it enjoy it

Heißluftfritteuse klingt zwar etwas weniger sexy, beschreibt aber genau die gemeinsame Stärke aller Airfryer: In ihnen wird nicht in Fett, sondern mithilfe von heißer Luft gegart.

Das Prinzip Airfryer

Alle Geräte funktionieren nach einem ähnlichen Grundprinzip: Sie verfügen über ein Heizelement – meist eine Heizspirale –, das sich in nahezu Nullkommanichts erwärmt. Die erzeugte Hitze wird dann mittels Gebläse als Heißluft in einem permanenten Kreislauf durch den gesamten Frittierraum gejagt, und zwar in einer Geschwindigkeit, die jedem Orkan Konkurrenz macht. Entsprechend »luftiger« und weniger fetttriefend kommen dann sogar »guilty pleasures« wie Pommes oder Chicken Nuggets aus dem Airfryer. Dazu geht das Ganze schneller und geruchsneutraler als in einer Fritteuse, die erst mühsam aufheizen muss.

Das Multitalent

Im Airfryer kannst du nicht nur frittieren: Er eignet sich genauso gut zum Toasten, Grillen, Garen und Braten, sogar Kuchen und Gebäck gelingen darin. All das lässt sich natürlich auch in einem Backofen mit Heißluftfunktion schaffen. Aber ähnlich wie bei der Fritteuse kann hier der kleine, kompakte Airfryer wieder punkten. Er kommt wesentlich flotter auf Touren, hat mehr Power und ist damit schneller, energiesparender und kostengünstiger als der Ofen. Mit einem Airfryer lassen sich also eigentlich gleich zwei Geräte einsparen – ideal, wenn wenig Platz in der Bude ist, dafür aber größere Leere im Geldbeutel herrscht. Dennoch solltest du beim Kauf eines Airfryers nicht nur auf den Preis schauen; trotz aller Gemeinsamkeiten gibt ein paar wesentliche Unterschiede zwischen einzelnen Modellen, die dir als Kriterien bei deiner Wahl helfen können.

Think Big

Das Fassungsvermögen deines Airfryers ist die wichtigste Entscheidung. Oft sind kleinere Geräte, mit 1–2 l Fassungsvermögen, die als passend für Singles, Paare oder Kleinfamilien angeboten werden, schlicht zu klein. Sobald du mehr als eine Beilage darin garen möchtest, wird's eng. Ganze Gerichte aus mehreren Komponenten, wie z. B. Gemüse plus Fleisch, ein ganzes Huhn, ein Kuchen oder eine Pizza erfordern einen XXL-Fryer, der meist 6–8 l fasst und der für Familien empfohlen wird. Doch auch wenn du aktuell keinen Zuwachs planst: Größer ist definitiv besser, zumal auch kleinere Portionen Pommes, Grünkohlchips oder Tapas-Paprika einfach krosser und schneller garen, wenn sie locker im Frittierkorb ausliegen und die Luft ungehindert zirkulieren kann.

Viel Power

Schau dann, was dein Airfryer an Watt bringt, denn weniger Watt bedeutet weniger Leistung; 1800 bis 2000 Watt sollte dein Gerät schon draufhaben, dass Pommes dann auch richtig knuspern. Vielleicht wird sogar noch die Geschwindigkeit angegeben, in der die Luft im Airfryer unterwegs ist: Hier darf's Sturmstärke von 70 km/h sein! Inzwischen fast selbstverständlich: Der Temperaturbereich sollte mindestens bis 200° reichen.

Tipp **Frittiere in einem Mini-Airfryer große Mengen, z. B. mehrere Schnitzel oder Falafeln, einfach in zwei oder mehr Portionen hintereinander.**

pare it fry it enjoy it prepare it fry it enjoy it

Du bist der Chef(koch)

Automatische Garprogramme erleichtern das Arbeiten. Um Neues ausprobieren zu können, sollte sich aber Zeit und Temperatur auch manuell einstellen lassen. Das ist heute bei den meisten Geräten kein Problem und so kannst du alle Rezepte in diesem Buch im Prinzip mit jedem Airfryer nachkochen. Eine Timer-Funktion ist hilfreich: Mit ihr kannst du die Garzeiten exakt eingeben und im Idealfall sagt dir dann auch noch ein Signalton: »Essen ist fertig« oder »bitte wenden«!

Saubere Sache

Prüfe, wie leicht sich dein zukünftiger Airfryer reinigen lässt: Hat er einen Spritzschutz zur Heizspirale, kommst du da gut dran? Lässt sich der Fryer problemlos auseinanderbauen? Sind einzelne Teile spülmaschinentauglich oder leicht abwaschbar?

Voll ausgestattet

Achte auch darauf, was bei deinem neuen Airfryer alles im Preis mit inbegriffen ist. Oft bieten Hersteller spezielle Grill- oder Pizzaeinsätze, genau passende Backformen und Bleche oder eine praktische Snack-Abdeckung (die etwa bei Chips verhindert, dass sie in die Heizspirale geraten) separat an. All inclusive? Wunderbar! Ansonsten fang ruhig mit weniger Zubehör an und schau, wie du zurechtkommst. Einiges wird nämlich eher selten gebraucht oder lässt sich ersetzen durch Sachen, die du schon in deiner Küche hast.

Auf die Plätze ...

Hat dein Airfryer Einzug in deiner Küche gehalten, braucht er noch einen passenden Platz, an dem er stehen kann. Er sollte sicher und gerade auf einer ebenen Fläche stehen, das Kabel sollte nicht als mögliche Stolperfalle quer durch die Küche laufen oder gespannt sein. Da ein Airfryer je nach Isolierung auch Hitze nach unten abstrahlen kann, sollte der Untergrund hitzebeständig sein. Falls nötig, kannst du ihn mit einer speziellen Isoliermatte absichern. Das Gerät sollte auch ringsum und nach oben offen und frei stehen, also nicht in Nischen oder zu nah an einer Wand – viele Geräte haben einen Abluftfilter an der Rückseite, durch den die Fläche dahinter verschmutzt werden kann.

Tipp **Bevor du dich ans Frittieren machst, bitte unbedingt die Gebrauchsanleitung studieren! Erst dann heißt es: Ab an den Airfryer, fertig, los!**

Einer für alles und alle für deinen

Du möchtest nicht nur Tiefkühlpommes frittieren, sondern ganze Gerichte, tolle Snacks oder Kuchen in deinem Airfryer zubereiten? Kein Problem!

Zum Einstieg

... ist eine Packung Tiefkühlpommes aber genau das Richtige, um deinen neuen Küchenhelfer besser kennenzulernen. Im Regelfall gibt es zwei Möglichkeiten, sie zuzubereiten: Mit einem speziellen Garprogramm für Pommes frites oder Tiefkühlgerichte werden sie mit nur einem Knopfdruck auf den Punkt gegart. Das ist prima, denn hier sind bereits alle spezifischen Eigenschaften deines Geräts, wie z. B. Gerätegröße, Energieleistung oder die Geschwindigkeit, in der die Luft zirkuliert, vom Hersteller miteinberechnet. Alternativ kannst du aber auch Zeit und Temperatur manuell eingeben. Die Angaben dazu liefern dir – im Fall der Pommes – eventuell eine passende Gebrauchsanleitung für dein Gerät, die Garanleitung auf der Pommes-Packung oder ein Rezept. Vielleicht wirst du allerdings kleine Unterschiede, vor allem bei der Zeitangabe, feststellen. Abweichungen von 1–5 Min. sind keine Seltenheit! Denn während sich die Angaben in deiner Gebrauchsanleitung genau auf dein Gerät beziehen, bilden die beiden anderen einen Mittelwert ab, um für möglichst viele verschiedene handelsübliche Airfryer zu passen. Das sollte aber kein größeres Problem darstellen und sollte dich nicht hindern, andere Gerichte und neue Rezepte mit deinem Airfryer auszuprobieren.

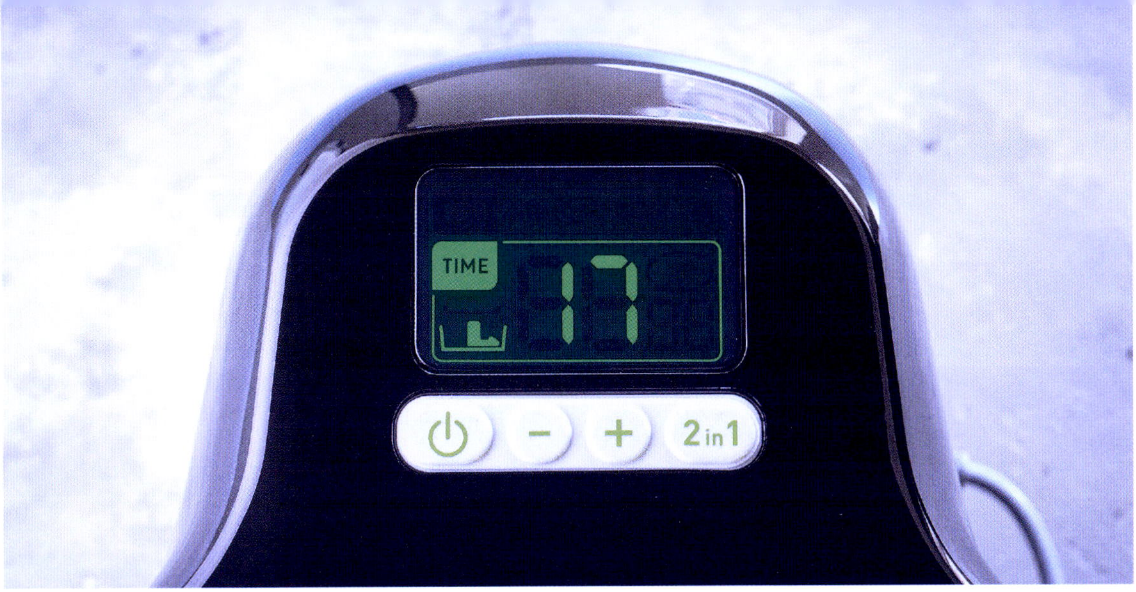

Rezept ist gut – Kontrolle auch

Unterschiedliche Garzeiten ergeben sich vor allem durch die unterschiedlich langen Aufheizzeiten der Geräte. Große Airfryer mit hoher Wattzahl haben so gut wie keine Aufwärmphase, kleinere kommen nicht ganz so schnell in Schwung. Darum ist bei jedem Rezept in diesem Buch die reine Garzeit – wie auch bei Rezepten für Backöfen üblich – ohne Aufheizzeit angegeben. Die musst du also miteinplanen, sollte dein Kleiner etwas länger brauchen. Ist dein Airfryer aber mal heiß gelaufen, kannst du dich im Prinzip auf die angegebenen Zeiten verlassen, die häufig »von-bis« angegeben sind. Mit der Zeit wirst du immer mehr ein Gefühl dafür bekommen, wie lange bestimmte Gerichte brauchen. Bis dahin gilt ganz einfach die Regel: Checke nach der ersten, kürzeren der angegebenen Zeiten dein Wunschessen, denn länger garen geht immer.

Shake it, Baby!

Die meisten Gerichte sollten zwischendurch gewendet, durchgerührt oder geschüttelt werden, damit sie von allen Seiten gleichmäßig garen und bräunen. Darum wird auch bei fast allen Rezepten im Buch nach ungefähr der Hälfte der Zeit eine kleine »Wendepause« eingelegt. Das ist dann – speziell bei Gerichten mit sehr kurzer Garzeit – auch der beste Zeitpunkt, um zu prüfen, wie weit sie schon sind. Alles noch hart und blass? Also evtl. Garzeit etwas verlängern. Schon ziemlich stark gebräunt? Dann gibt's vielleicht schon ein paar Minuten früher was auf den Teller. Am besten stellst du – speziell als Airfryer-Neuling – immer die Zeit bis zur Wende ein und die übrige Zeit entsprechend nach dem Wenden.

Die passende Menge

Pack den Frittierkorb nicht zu voll, maximal zwei Drittel sind genug! Ist der Korb dagegen randvoll, kann nicht ausreichend Luft zirkulieren – alles gart langsamer und ungleichmäßig. Hier sind alle Rezepte mengenmäßig so angelegt, dass die Zutaten auch in einem kleineren Airfryer genügend Platz und heiße Luft haben und in der angegebenen Zeit garen können. Sollte es aber mal eng werden, dann lieber portionsweise nacheinander arbeiten – auch das ist im Regelfall jeweils angegeben!

Tipp

Teige dehnen sich aus. Befülle Backformen deshalb nur bis zur Hälfte, maximal zu knapp zwei Dritteln. Sonst kann der Teig überlaufen oder bei höheren Formen in die Nähe der Heizspirale geraten und verbrennen.

Was der alles kann!

Es ist erstaunlich: Im Airfryer kannst du die unterschiedlichsten Dinge zubereiten, zumindest so ziemlich alles, wozu es normalerweise Fritteuse oder (Heißluft-)Backofen braucht. Da er kaum Zeit zum Aufheizen benötigt, lohnt es sich, Brötchen darin aufzubacken, Brot zu rösten, einen Toast zu überbacken oder – auch das geht – ein Ei ganz ohne Wasser zu kochen. Alles, was schnell und bei großer Hitze knusprig garen darf, ist ebenfalls willkommen: kleine panierte Knuspersnacks, Teigtäschchen, Gemüse, sogar ein Burger.

Kleine Knabbereien

Damit Snacks dank heißer Luft in kürzester Zeit schön kross werden, müssen sie trocken sein: Fleisch, Fisch, gewaschene Kartoffeln oder Gemüsestücke deshalb vorher gut trocken tupfen oder abtrocknen, damit sie knusprig garen und bräunen. Eine Panade aus trockenen Brotbröseln, Chips oder Ähnlichem hilft, Gemüse oder Fleisch einerseits besser »trockenzulegen«, zum anderen schützt sie das Innere der Lebensmittel davor, im heißen Luftzug auszutrocknen. Du kannst deinen Fryer auch prima als »Dörrgerät« nutzen. Denn darin werden dünne Gemüsescheibchen, gewürzte Kichererbsen oder Nüsse zu knusprigen Trockensnacks oder dünn geschnittene Apfelringe und Bananenchips zu Trockenobst, das frischer schmeckt als das gekaufte aus der Tüte. Allerdings solltest du bei Chips & Co. aufpassen. Da die Obst- und Gemüsestückchen dafür dünn geschnitten oder – wie z. B. Grünkohlblätter – an sich sehr leicht sind, können sie, wenn dein Gerät auf vollen Touren läuft, durch den Luftzug aufgewirbelt und sogar nach oben in die Heizspirale gezogen werden. Dasselbe gilt auch für Schinken- oder Wurstscheiben, Käseraspel oder -scheiben. Damit hier nichts schiefgeht, bieten einige Hersteller einen speziellen Snack-Abdeckschutz an: eine mehr oder weniger perforierte Abdeckplatte, die über dem Gargut angebracht oder aufgestellt wird. Willst du häufig Gemüsechips, Popcorn und andere Knabbereien im Airfryer selber machen, lohnt sich die Anschaffung auf jeden Fall.

Einfach mehr Geschmack

Im Airfryer Gegartes ist eine schlanke Angelegenheit. Vielleicht stellst du dir die Frage: Geht's sogar ganz ohne Fett? Im Prinzip ja! Aber: Öl oder anderes Fett sorgt nicht nur dafür, dass Lebensmittel knuspriger garen und schöner bräunen, es ist auch ein wichtiger Geschmacksträger. Dazu braucht es aber nicht Unmengen von Fett wie in einer herkömmlichen Fritteuse. Es reicht, wenn du deine Zutaten je nach Beschaffenheit einfach in etwas Öl wendest (und dann gut abtropfen lässt), mit ein wenig Öl mischt (z. B. Gemüse) oder mit etwas Öl bepinselst oder besprühst. Häufig ist es auch sinnvoll den Boden des Frittierkorb dünn mit Öl auszustreichen, damit Gebäck oder anderes Gargut nicht festklebt. Ansonsten lohnt es sich, anstelle des eingesparten Frittierfetts anderweitig etwas mehr Geschmack in deine Airfryer-Menüs zu packen: Aromatisiere das Öl kräftig mit Gewürzen, getrockneten Kräutern, mit einem Spritzer Zitronensaft, Sojasauce oder Chilisauce, gib zerdrückten Knoblauch dazu oder auch mal ein paar frische Kräuter – so schmeckt's auch mit weniger Fett gleich nach mehr!

Die Grenzen deines Multitalents

Flüssige Teigpanaden, wie sie beim Frittieren in Öl beispielsweise für Backfisch, Calamares oder Apfelküchle üblich sind, eignen sich nicht für den Airfryer. Zum einen tropfen sie nach unten, verkleben den Frittierkorb und lassen das Frittiergut am Korb festbacken. Zum anderen müssten sie viel zu lange garen – und zum Schluss wäre das Innere verkocht und die Hülle nicht knusprig, sondern laff. Alles, was durch den Frittierkorb nach unten tropfen kann, ist nicht tauglich. Auch Gebäck aus sehr weichem Teig (z. B. Donuts oder Blätterteigtaschen) sollte deshalb, zumindest zu Beginn des Garvorgangs, zusätzlich auf Backpapier gelegt werden, damit es nicht am Frittierkorb kleben bleiben kann.

Gargut in sehr flüssiger Marinade ist ebenfalls nicht airfryergeeignet, es sei denn, du lässt es vor der Verwendung gut abtropfen oder tupfst es trocken. Gerichte mit Marinade oder in Sauce lassen sich in einem unten geschlossenen Behältnis zwar theoretisch im Airfryer zubereiten – das ist aber auf Grund langer Garzeiten nicht empfehlenswert. Auch bei großen, eher mageren Fleischstücken oder ganzen Braten erreicht dein Airfryer seine Grenzen – die beständig heiße Luft entzieht zusätzlich Feuchtigkeit und das Fleisch wird im schlimmsten Fall zäh und trocken.

Tipp

Auch wenn dein Airfryer als Heißluftfritteuse bezeichnet wird: Öl oder Frittierfett in größeren Mengen haben nichts darin verloren! Hier besteht akute Brandgefahr! Deshalb steht diese Warnung gleich zu Beginn jeder Betriebsanleitung.

Dein kleines Airfryer-Küchenzubehör

Topflappen, Ofenhandschuh und Zange

Im Airfryer geht's heiß her und Frittierkorb und andere Teile können sich stark erhitzen. Daher brauchst du zum Herausnehmen und Wenden der Zutaten eine leichtgängige Zange und Topflappen oder Handschuhe zum Schutz deiner Hände.

Papier und Folie

Bei bestimmten Speisen, die leicht am Frittierkorb festkleben oder gar durchtropfen können, brauchst du Backpapier. Inzwischen werden höhere, festere und exakt passende Papiereinsätze in unterschiedlichen Größen und Formen angeboten. Es gibt sie geschlossen oder perforiert mit kleinen Löchern, damit der Heißluftstrom weniger behindert wird. Du kannst aber auch einfach normales Backpapier auf Frittierkorbgröße zurechtschneiden. Ebenfalls brauchbar, aber weniger empfehlenswert ist Alufolie, da sie gegen Hitze isoliert. Das kann bei bestimmten Gerichten (wie z. B. dem Schweinebauch) sinnvoll sein, ansonsten verzögert es den Garprozess. Wichtig: Backpapier und Alufolie müssen immer ausreichend durch Gargut beschwert sein, dürfen also nicht bereits beim Aufheizen mit in den Korb – hier besteht, die Gefahr, dass sie nach oben in die Heizspirale gezogen werden!

Ofenfeste Formen

Zum Garen von Aufläufen, für Gebäck oder Lebensmittel, die tropfen können oder mit Sauce gegart werden, solltest du hitzebeständige Formen parat haben, die sowohl in der Breite als auch in der Höhe in deinen Airfryer passen. Du kannst zwischen Keramik, Metall und Silikon als Material wählen. Muffin- oder andere Kuchenförmchen aus Silikon sind praktisch, da einzeln einstellbar, stabil und wiederverwendbar.

Backpinsel und Rührlöffel

Einen Pinsel brauchst du, um bestimmte Lebensmittel dünn mit Öl zu bestreichen. Besonders empfehlenswert ist hier ein biegsamer, hitzebeständiger Backpinsel aus Silikon und evtl. dazu noch ein Silkonwender oder -löffel, mit dem sich das heiße Gargut sicher durchrühren lässt.

Sprühflasche

Willst du Öl möglichst nur hauchdünn auf deinen Speisen haben, empfiehlt sich eine Sprühflasche. Früher wurden derartige Pumpzerstäuber nur für Salate angeboten, heute werden sie explizit als Airfryer-Zubehör angepriesen. Gerade bei panierten Speisen sind sie enorm praktisch und einfacher zu handhaben als ein Backpinsel.

Hier kriegst du dein Fett glänzend weg!

Raffinierte Öle

Zum Garen im Airfryer sind Pflanzenöle die erste Wahl. Allerdings solltest du nicht dein kalt gepresstes Salatöl verwenden. Das passt zwar wunderbar zu kalten Speisen, weil in ihm noch weitgehend alle Vitamine und gesunden ungesättigten Fettsäuren enthalten sind. Die sind aber leider so empfindlich, dass sie hohe Hitze nicht vertragen und sich sogar in gesundheitsschädliche Stoffe verwandeln können. Für den Airfryer brauchst du speziell gepresstes, verarbeitetes, sogenanntes »raffiniertes« Öl, das hoch erhitzbar ist. Gut eignen sich Raps- oder Sonnenblumenöl, die beide dazu noch den Vorteil haben, dass sie geschmacksneutral sind – das ist z. B. gerade beim Backen wichtig. Ebenfalls einsetzbar ist raffiniertes Olivenöl, Sojaöl, Distel-, Erdnuss- oder helles (ungeröstetes) Sesamöl. Solltest du dir unsicher sein: Inzwischen werden Mischungen aus hoch erhitzbaren Ölen unter der Bezeichnung »Brat- und Backöl« oder »Öl zum Braten« angeboten.

Kokosöl

Im Gegensatz zu anderen Nussölen wie Mandel-, Haselnuss- oder Walnussöl, die alle kalt gepresst und extrem hitzeempfindlich sind, ist Kokosöl ideal zum Braten, Garen und Frittieren bei hohen Temperaturen geeignet. Dabei darf und soll es dann sogar kalt gepresstes Kokosöl sein, kein raffiniertes und schon gar kein gehärtetes, stark verarbeitetes Fett, das es in Blöcke gepresst zu kaufen gibt. Lass dich nicht verwirren: Kokosöl und Kokosfett sind dasselbe: Bis ca. 25° ist Kokosöl fest und weiß, bei höheren Temperaturen schmilzt es und wird klar und ölig-flüssig.

Avocadoöl

Willst du gesund und trotzdem richtig heiß braten oder frittieren, kannst du auch Avocadoöl verwenden. Das bisher wenig verbreitete Öl enthält ähnlich wie Olivenöl reichlich gesunde ungesättigte Fettsäuren und ist gut bis 230° erhitzbar. Überzeugend ist auch sein mildes, leicht nussiges Aroma. Einziges Manko: Es ist teuer.

Butterschmalz und Ghee

Butter spritzt bei hohen Temperaturen und verbrennt sogar ab 175°. Dagegen lassen sich Butterschmalz und indisches Ghee – sogenannte »geklärte« Butter – problemlos hoch erhitzen. Beiden wurde durch einen langsamen Erhitzungsprozess Wasser, Milcheiweiß und -zucker entzogen. Das macht die Fette nicht nur standhaft gegenüber Hitze, sondern auch extrem lange haltbar.

Butterschmalz
Olivenöl
Distelöl
Avocadoöl
Sesamöl
Ghee
Kokosöl
Rapsöl

How to fry it

	Gargut	Menge	Grad °C	Garzeit
Kartoffeln & Vegetarisches	Pommes frites (TK)	300 g	180°	15–17 Min.
	Pommes frites (selbst gemacht)	300 g	180°	25–30 Min.
	Kartoffelwedges	300 g	200°	18–22 Min.
	Bratkartoffeln	300 g	160°	25–30 Min.
	Ofenkartoffeln (à ca. 80 g)	5–10 Stück	200°	20–25 Min.
	Gemischtes Gemüse, gewürfelt	300–500 g	180°	12–18 Min.
	Tofu, gewürfelt	200 g	180°	15–20 Min.
Fisch & Fleisch	Speck (Bacon)	4–8 Scheiben	200°	8–10 Min.
	Würstchen	4 Stück	180°	8–12 Min.
	Hamburger (à 125 g)	2–4 Stück	200°	8–10 Min.
	(Rump-)Steak (200 g)	1–2 Stück	200°	7–9 Min.
	Gyros / Geschnetzeltes	250 g	200°	12–15 Min.
	Hähnchenunterkeulen (Drums)	500 g	180°	20–25 Min.
	Hähnchenflügel	500 g	200°	15–20 Min.

Gargut	Menge	Grad °C	Garzeit	
Chicken Nuggets	250 g	200°	10–12 Min.	Fisch & Fleisch
Hähnchenbrust (ca. 160 g)	2 Stück	180°	15–20 Min.	
Ganzes Hähnchen	ca. 1,2 kg	180°	60–70 Min.	
Ganzer Fisch	ca. 400 g	200°	20–25 Min.	
Fischfilet (ca. 200 g)	1–2 Stück	160°	25–30 Min.	
Fischstäbchen	300 g	180°	15–17 Min.	
Frühlingsrollen	6–8 Stück	190°	8–10 Min.	Snacks
Blätterteigtaschen	4 Stück	180°	9–13 Min.	
Pizza	1 Stück	200°	5–10 Min.	
Muffins	6 Stück	160°	18–22 Min.	Gebäck
Tassenkuchen	1 Stück	180°	10–15 Min.	
Donuts	4 Stück	175°	5–8 Min.	
Kuchen	500 g	160°	40–45 Min.	

Für den kleinen Hunger
Für den kleinen Hunger

Bits & Bites

Klopft gerade der kleine Hunger an? Oder hast du spontan Lust auf einen Imbiss, aber dafür null Bock auf lange Kocharien? Dann wirf einfach deinen Airfryer an. Und ruckzuck stehen Snacks und Kleinigkeiten auf dem Tisch!

Avocado-Toast mit Ei

Für 2 Stück

15 Min. Zubereitung
20 Min. Garen

Pro Stück ca. 515 kcal

2 dicke Scheiben Bauernbrot (z. B. Sauerteigbrot)

4 Scheiben Frühstücksspeck (Bacon)

1 große reife Avocado

Salz | Pfeffer

2 Stängel Basilikum

2 Eier (L)

Chiliflocken zum Bestreuen (nach Belieben)

AUSSERDEM

2 hitzebeständige Förmchen (mindestens 125 ml; z. B. Soufflé-förmchen)

Öl für die Förmchen

1

Die Brotscheiben in den Frittierkorb legen und im Airfryer bei 200° (ohne Vorheizen) in ca. 3 Min. leicht braun rösten. Brote herausnehmen und abkühlen lassen. Inzwischen die Speckscheiben längs nebeneinander in den Frittierkorb legen und möglichst eine Snack-Abdeckung darüberlegen. Die Speckscheiben im Airfryer ebenfalls bei 200° in 10–12 Min. knusprig braten. Herausnehmen und auf Küchenpapier abkühlen lassen.

2

Inzwischen die Avocado halbieren, Kern entfernen und das Fruchtfleisch mit einem Löffel aus den Schalen lösen. Je 1 Avocadohälfte auf jede Brotscheibe legen und mit einer Gabel zermusen, dabei das Fruchtfleisch auf der Brotscheibe verteilen. Leicht salzen und pfeffern. Basilikum waschen und trocken schütteln, Blättchen abzupfen und in Streifen schneiden. Die Hälfte davon auf den Broten verteilen.

3

Die Förmchen dünn mit Öl auspinseln. Jeweils 4 EL heißes Wasser (am besten im Wasserkocher kurz aufkochen) hineingießen, dann jeweils 1 Ei hineingeben. Die Förmchen in den Frittierkorb stellen. Den Airfryer auf 175° einstellen. Die Eier darin in ca. 5 Min. »pochieren«, bis sie gestockt und weiß sind.

4

Die Förmchen mit den Eiern aus dem Airfryer nehmen, die Eier vorsichtig – z. B. mit einem Silikonteigschaber – aus den Förmchen lösen und herausgleiten lassen. Je 1 Ei auf 1 Toast legen. Speck zerbröckeln und darüberstreuen oder die ganzen Scheiben darüberlegen. Alles mit Pfeffer übermahlen und mit übrigem Basilikum bestreuen. Wer's scharf mag, streut noch Chiliflocken drauf.

Eier mit Wow-Effekt – foolproof!
Eier mit Wow-Effekt – foolproof!
Eier mit Wow-Effekt – foolproof!
Eier mit Wow-Effekt – fool

Zwiebel-Käse-Sandwich

Für 2 Stück

25 Min. Zubereitung
15 Min. Garen

Pro Stück ca. 650 kcal

250 g Zwiebeln

2 EL Öl

2 EL Butter

½ TL getr. Majoran

Salz | Pfeffer

75 g geriebener Mozzarella

75 g geriebener Cheddar

4 dickere Scheiben Bauernbrot

1

Zwiebeln schälen und in dünne Ringe schneiden oder hobeln, mit dem Öl mischen und in den Frittierkorb geben. Zwiebelringe bei 180° in ca. 10 Min. leicht braun frittieren, dabei ein- bis zweimal durchrühren. Dann 1 TL Butter mit den Zwiebeln mischen und die Zwiebeln in weiteren 3–5 Min. goldbraun frittieren. Herausnehmen und mit Majoran und etwas Salz und Pfeffer mischen.

2

Inzwischen beide Käsesorten mischen. Die Hälfte der Mischung auf 2 Brotscheiben verteilen, darauf die Zwiebeln verteilen und darüber den restlichen Käse streuen. Alles mit den beiden übrigen Brotscheiben abdecken und leicht festdrücken.

3

Die beiden oberen Brotscheiben mit der Hälfte der übrigen Butter bestreichen, anschließend mit der gebutterten Seite nach unten in den Frittierkorb legen. Die jetzt oben liegende, ungebutterte Seite mit der restlichen Butter bestreichen.

4

Den Airfryer auf 180° einstellen, ggf. vorheizen. Die Brote darin in 10–12 Min. knusprig braun rösten, dabei zwischendurch einmal wenden. Herausnehmen, kurz ruhen lassen, dann mit einem Messer halbieren und warm servieren – dazu passt ein frischer Salat.

Tipp

Für eine Quick-and-easy-Variante einfach anstelle der Zwiebeln 100 g abgetropftes, leicht ausgedrücktes, fertig gekauftes Kimchi (aus dem Glas) zwischen den Broten verteilen und diese wie beschrieben beidseitig buttern und im Airfryer toasten.

4 × feiner Knabberspaß

Indian-Style-Kichererbsen

Für 2 Personen | Pro Portion ca. 202 kcal
5 Min. Zubereitung | 20 Min. Frittieren

1

1 Dose Kichererbsen (240 g Abtropfgewicht) abgießen, Kichererbsen mit kaltem Wasser abbrausen und gut abtropfen lassen.

2

1 Knoblauchzehe schälen und in eine Schüssel pressen. Mit **1 EL Olivenöl zum Braten**, **2 Spritzern Limettensaft**, **1 TL Garam Masala** (indische Gewürzmischung; Asienladen), **knapp ½ TL gemahlene Kurkuma** und **2 Msp. Chilipulver** verrühren, alles kräftig mit **Salz** und **Pfeffer** würzen. Kichererbsen dazugeben und gut untermischen, dann in den Frittierkorb geben. Airfryer auf 190° einstellen, ggf. vorheizen. Kichererbsen darin 15–20 Min. rösten, zwischendurch ein- bis zweimal durchrütteln.

Grünkohlchips

Für 2 Personen | Pro Portion ca. 100 kcal
5 Min. Zubereitung | 8 Min. Frittieren

1

150 g Grünkohlblätter waschen, von den Stielen zupfen, trocken schleudern und kleiner zupfen.

2

1 ½ EL Mandelmus mit **6 EL Wasser**, **3 EL Zitronensaft**, **½ TL getr. Thymian** und **¼ TL geräuchertem Paprikapulver** verrühren, mit **Salz** und **Pfeffer** würzen. Grünkohl untermischen und gut mit den Händen durchkneten, bis die Blätter rundum mit der Würzmischung überzogen sind. **2 TL Hefeflocken** untermischen, dann alles in den Frittierkorb geben und unbedingt eine Snack-Abdeckung darübersetzen. Airfryer auf 180° einstellen, ggf. vorheizen. Kohlblätter darin 4–8 Min. rösten, zwischendurch ein- bis zweimal durchrütteln.

Scharfe Honigmandeln

Für 2 Personen | Pro Portion ca. 140 kcal
5 Min. Zubereitung | 12 Std. Quellen | 15 Min. Frittieren

1

300 g Mandeln in einer Schüssel mit Wasser einweichen und ca. 12 Std. (über Nacht) quellen lassen. Dann in ein Sieb abgießen, kalt abspülen und abtropfen lassen.

2

1 Knoblauchzehe schälen. **2 EL Öl** zum Braten erhitzen, Knoblauch dazupressen. **Knapp ½ TL getr. Thymian**, **2 EL Honig**, **½ TL Salz** dazugeben, vom Herd nehmen. Etwas abkühlen lassen, dann **1 TL Senf**, reichlich **Pfeffer** und **¼ TL Chilipulver** unterrühren. Mandeln dazugeben, gut mischen und in den Frittierkorb geben, eine Snack-Abdeckung darübergeben. Airfryer auf 180° einstellen, ggf. vorheizen. Die Nüsse darin 10–15 Min. rösten, zwischendurch ein- bis zweimal durchrühren.

quick and easy quick and easy quick and easy quick and easy qu

Wurzelgemüse-Chips

Für 2 Personen | Pro Portion ca. 170 kcal
10 Min. Zubereitung | 20 Min. Frittieren

1

2 Rote Bete (ca. 180 g), **2 Möhren (ca. 180 g)** und **2 Pastinaken (ca. 200 g)** getrennt schälen, putzen und in dünne Scheiben hobeln.

2

Airfryer auf 140° einstellen, ggf. vorheizen. Zunächst Möhren und Pastinaken getrennt mit **je ½ TL Olivenöl** und **1 Prise Salz** mischen, dann zusammen in den Frittierkorb geben, Snack-Abdeckung darüberstellen. Die Chips im Airfryer in ca. 12–18 Min. knusprig rösten, dabei ein- bis zweimal durchrühren. Anschließend die Roten Beten ebenfalls mit **½ TL Olivenöl** und **1 Prise Salz** mischen und im Airfryer in 15–20 Min. knusprig rösten.

Pasta-Chips mit Feta-Dip

Für 2 Personen

15 Min. Zubereitung
12 Min. Frittieren

Pro Portion ca. 825 kcal

FÜR DIE CHIPS

20 g Parmesan

250 g Farfalle (ersatzweise Penne) | Salz

2 EL Olivenöl zum Braten

1 EL Tomatenmark

1 Knoblauchzehe

¾ TL getr. Oregano

Pfeffer

FÜR DEN FETA-DIP

200 g Schafskäse (Feta)

150 g Ricotta

2 EL Olivenöl

1 Knoblauchzehe

½ Bund Petersilie

knapp ½ TL getr. Oregano

Salz | Pfeffer

2 Spritzer Zitronensaft

Chiliflocken (nach Belieben)

1

Für die Chips den Parmesan reiben. Die Nudeln nach Packungsanweisung in gesalzenem Wasser al dente kochen, dann in ein Sieb abgießen und gut abtropfen lassen.

2

Inzwischen das Öl in einer Schüssel gründlich mit dem Tomatenmark verrühren. Knoblauch schälen und dazupressen, dann alles mit Oregano sowie etwas Salz und Pfeffer würzen. Die abgetropften Nudeln noch warm untermischen. Den geriebenen Parmesan dazugeben und ebenfalls gründlich unterrühren.

3

Nudelmischung in den Frittierkorb geben und gleichmäßig darin verteilen. Den Airfryer auf 180° einstellen, ggf. vorheizen. Die Nudeln darin in 10–12 Min. frittieren, dabei zwischendurch mehrmals durchrütteln, damit sie gleichmäßig knusprig werden.

4

Für den Feta-Dip den Schafskäse mit einer Gabel fein zerbröckeln und mit Ricotta und Öl in der Küchenmaschine oder mit den Rührbesen des Handrührgeräts ca. 1 Min. vermischen bzw. verrühren, bis eine fluffige, gleichmäßige Creme entstanden ist. Knoblauch schälen und dazupressen. Petersilie waschen und trocken schütteln, die Blättchen abzupfen, fein hacken und mit Oregano unter die Creme rühren. Mit Salz, Pfeffer und Zitronensaft abschmecken. Wer's scharf mag, rührt noch zusätzlich 2 Prisen Chiliflocken unter.

5

Nudeln aus dem Frittierkorb auf einen mit Küchenpapier ausgelegten Teller geben und 3–5 Min. abkühlen lassen – so werden sie noch fester und knuspriger. Dann die Pasta-Chips mit dem Dip servieren. Sie schmecken warm oder kalt.

Pickle Fries mit scharfer Mayo

Für 2 Personen

20 Min. Zubereitung
10 Min. Frittieren

Pro Portion ca. 475 kcal

FÜR DIE PICKLES

1 Glas Gewürzgurken in Scheiben (ca. 185 g Abtropfgewicht, s. Tipp)

2 Eier (L)

Salz | Pfeffer

100 g Semmelbrösel

¾ TL (geräuchertes) Paprikapulver

½ TL getr. Oregano

4 EL Mehl

Öl zum Besprühen

FÜR DIE SCHARFE MAYO

1 Knoblauchzehe

4 EL Mayonnaise

1 TL Tomatenmark

Salz | Pfeffer

2 TL Chilisauce (z. B. Sriracha)

3 Stängel Dill

1

Die Gewürzgurken in ein Sieb abgießen und abtropfen lassen, dabei den Sud auffangen. Er wird auch für die Mayo gebraucht. Die abgetropften Gurkenscheiben leicht trocken tupfen.

2

Die Eier in einem tiefen Teller mit 2 EL Gurkensud verquirlen, salzen und pfeffern. Die Semmelbrösel mit Paprikapulver und zwischen den Fingern zerriebenem Oregano sowie Pfeffer in einem zweiten Teller mischen. Das Mehl in einen dritten Teller geben.

3

Die Gurken erst im Mehl, dann in den verquirlten Eiern wenden und zuletzt in den Semmelbröseln, dabei diese gut andrücken. Den Airfryer auf 200° einstellen, ggf. vorheizen. Die Pickles leicht mit Öl besprühen, in den Frittierkorb legen und im Airfryer in 5–7 Min. knusprig braun frittieren, nach der Hälfte der Zeit wenden.

4

Inzwischen für die scharfe Mayo den Knoblauch schälen und zur Mayonnaise pressen. Das Tomatenmark unterrühren. Die Mischung salzen und pfeffern. Nun je nach gewünschter Schärfe 1–2 TL Chilisauce unterrühren und alles noch mit 1–2 TL Gurkensud abschmecken. Den Dill waschen und trocken schütteln. Die Spitzen abzupfen, fein zerschneiden und unterrühren. Die Pickle Fries aus dem Airfryer nehmen und zur scharfen Mayo servieren.

Tipp

Für Pickle Fries eignen sich besonders gut wellig geschnittene, eingelegte Gurken, die oft als Burger- oder Sandwichgurken angeboten werden. Wer keine bekommt, kann aber auch lange Gurkensticks nehmen.

Avocado-Fritters mit Dip

Für 2 Personen

25 Min. Zubereitung
15 Min. Frittieren

Pro Portion ca. 980 kcal

FÜR DEN DIP

1 Schalotte

1 kleine Knoblauchzehe

1 TL Dijon-Senf

1 TL Weißweinessig (ersatzweise Zitronensaft)

125 g (Salat-)Mayonnaise

80 g Buttermilch

100 g saure Sahne

Salz | Pfeffer

Zucker

1 Bund Schnittlauch

FÜR DIE AVOCADO-FRITTERS

50 g Kichererbsenmehl

1 kleine Knoblauchzehe

3 EL Smokey Barbecue-Sauce (Fertigprodukt)

¾ TL gemahlener Kreuzkümmel

½ TL Chilipulver

Salz | Pfeffer

1

Für den Dip Schalotte und Knoblauch schälen. Beides so fein wie möglich würfeln und sofort gründlich mit Senf, Essig, Mayonnaise, Buttermilch und saurer Sahne verrühren.

2

Den Dip mit Salz, Pfeffer und 2–3 Prisen Zucker würzen. Den Schnittlauch waschen und trocken schütteln. Schnittlauch in Röllchen schneiden und unter den Dip rühren. Falls möglich, den Dip noch ca. 15 Min. im Kühlschrank ziehen lassen.

3

Für die Fritters das Kichererbsenmehl mit 70 ml kaltem Wasser mit einem Schneebesen glatt verrühren. Den Knoblauch schälen und dazupressen. Die Barbecue-Sauce unterrühren. Die Kichererbsenmehl-Mischung mit Kreuzkümmel, Chilipulver, Salz und Pfeffer würzen – dabei ruhig ordentlich salzen, die Mischung darf fast leicht versalzen schmecken. Den Teig ca. 10 Min. ruhen lassen.

4

Inzwischen den Saft der Limettenhälfte auspressen und in ein Schälchen geben. Das Panko-Paniermehl in einem tiefen Teller verteilen.

5

Die Avocados halbieren, die Kerne entfernen und das Fruchtfleisch vorsichtig mit einem Löffel aus den Schalen lösen. Anschließend jede Avocadohälfte in vier Spalten schneiden und die Avocadospalten sofort im Limettensaft wenden.

6

Die Spalten in den Kichererbsenmehl-Teig geben und vorsichtig untermischen, bis sie rundum mit Teig überzogen sind. Spalten leicht abtropfen lassen, dann gründlich in den Panko-Bröseln wenden, dabei diese gut andrücken. Die panierten Spalten rundum mit Öl besprühen und im Frittierkorb verteilen.

Tipp Hier kannst du zum Besprühen der panierten Spalten sehr gut Avocadoöl verwenden – für eine zusätzliche Avocado-Note.

7

Den Airfryer auf 200° einstellen, ggf. vorheizen. Die Avocadospalten darin in 10–12 Min. knusprig braun frittieren, dabei die Spalten nach der Hälfte der Zeit einmal wenden. Die Fritters herausnehmen und mit dem Dip servieren.

½ Limette

100 g Panko-Paniermehl (ersatzweise Semmelbrösel)

2 kleine, reife, feste Avocados

Öl zum Besprühen (s. Tipp)

Zucchini-Mais-Fritters

Für 12 Stück

20 Min. Zubereitung
10 Min. Frittieren

Pro Stück ca. 85 kcal

150 g TK-Maiskörner

2 kleine Zucchini (ca. 250 g)

Salz

150 g Halloumi

1 Frühlingszwiebel

1 Ei (M)

60 g Mehl

½ TL Backpulver

knapp ½ TL getr. Oregano

½ TL gemahlener Kreuzkümmel

Pfeffer

1

Maiskörner in einem Sieb auftauen und abtropfen lassen. Zucchini waschen, putzen und auf der Rohkostreibe grob raspeln, dann in einem feinen Sieb mit 3 Prisen Salz mischen. Sieb über eine Schüssel hängen und die Raspel ca. 15 Min. Wasser ziehen lassen.

2

Inzwischen den Halloumikäse trocken tupfen und ebenfalls grob raspeln. Frühlingszwiebel putzen und waschen. Den weißen Teil längs vierteln und in feine Stückchen schneiden, den grünen in feine Ringe. Das Ei in einer Schüssel verquirlen. Das Mehl mit Backpulver, Oregano und Kreuzkümmel mischen.

3

Zucchiniraspel gut mit den Händen ausdrücken, dann mit den Frühlingszwiebelstückchen und dem Mais unter das verquirlte Ei mischen. Mehlmischung dazugeben und unterrühren, zuletzt die Halloumi-Raspel unterheben. Salzen und pfeffern.

4

Airfryer auf 200° einstellen, ggf. vorheizen. Ein Stück Backpapier auf Größe des Frittierkorbs zuschneiden und in den Frittierkorb einlegen. Jeweils eine Portion von der Zucchinimasse mit einem Esslöffel abnehmen und diese als Häufchen mit Abstand zueinander auf das Backpapier geben. Die Fritters im Airfryer in 8–10 Min. braun frittieren, am besten in zwei Portionen zu je 6 Stück. Auf ein Kuchengitter geben und leicht abkühlen lassen, während die übrigen Fritters frittiert werden. Fritters möglichst warm genießen.

Sigara Börek

Für 12 Stück

30 Min. Zubereitung
15 Min. Frittieren

Pro Stück ca. 95 kcal

200 g Schafskäse (Feta)

8 Stängel Petersilie

Pfeffer

Chiliflocken (nach Belieben)

150 g Yufka- oder Filo-Teig (ca. 6 rechteckige Blätter)

25 g Butter

1

Den Schafskäse mit einer Gabel fein zerbröckeln. Petersilie waschen und trocken schütteln. Die Blättchen abzupfen, fein zerschneiden und mit dem Käse mischen, dann mit Pfeffer würzen. Wer's scharf mag, mischt noch 1–3 Prisen Chiliflocken unter.

2

Jeweils 2 Teigblätter übereinanderlegen und diese mit einem scharfen Messer mit zwei diagonalen Schnitten in vier Dreiecke schneiden. Jeweils ca. 2 TL Käsemischung unten längs auf der längsten Seite eines Dreieckes verteilen, sodass noch ca. 1 cm zum unteren Rand frei bleibt und links und rechts jeweils 2–3 cm.

3

Die seitlichen Ecken nach innen über die Füllung schlagen und den freien Rand von unten über die eingeschlagenen Ecken und die Füllung vorsichtig (Teig reißt leicht!), aber dennoch straff nach oben aufrollen. Die offene Spitze am Ende mit ein wenig Wasser befeuchten und an die Röllchen kleben. So nacheinander den gesamten Teig und die Füllung verarbeiten.

4

Die Butter in einem Pfännchen schmelzen. Die Röllchen vorsichtig ringsum damit bepinseln und mit der offenen Ecke nach unten und jeweils mit etwas Abstand zueinander in den Frittierkorb legen.

5

Den Airfryer auf 200° einstellen, ggf. vorheizen. Die Röllchen darin ca. 7 Min. frittieren, dann wenden und in weiteren 5–8 Min. knusprig braun frittieren. Herausnehmen und warm servieren.

mit vielen Grüßen aus der Türkei mit vielen Grüßen

Spinat-Ricotta-Teilchen

Für 8 Stück

30 Min. Zubereitung
15 Min. Backen

Pro Stück ca. 215 kcal

1 Zwiebel

1 Knoblauchzehe

1 EL Olivenöl

100 g TK-Blattspinat

Salz | Pfeffer

30 g Parmesan

180 g Ricotta

1 Ei (S)

frisch geriebene Muskatnuss

1 Rolle Blätterteig (Kühlregal; ca. 270 g)

1 Eigelb

2 EL Milch

1

Zwiebel und Knoblauch schälen und getrennt fein würfeln. Das Olivenöl in einer Pfanne erhitzen, darin die Zwiebelwürfel goldgelb andünsten, Knoblauch dazugeben und kurz mitdünsten. Den gefrorenen Spinat dazugeben, salzen, pfeffern und bei mittlerer bis großer Hitze unter Rühren auftauen, dabei sollte so viel Wasser wie möglich verdunsten. Den Spinat abkühlen lassen, gründlich ausdrücken und evtl. noch etwas kleiner hacken.

2

Inzwischen den Parmesan fein reiben, gründlich mit Ricotta und Ei verrühren und mit Salz, Pfeffer und Muskatnuss würzen, dann den abgekühlten Spinat unterrühren.

3

Den Blätterteig glatt auslegen und in acht etwa gleichmäßig große Quadrate schneiden. Je 1 gehäuften EL Füllung in die Mitte eines Quadrats geben. Zwei gegenüberliegende Ecken jedes Quadrats zur Mitte zusammennehmen und festdrücken, dann die anderen beiden nehmen und ebenfalls in der Mitte festdrücken. Eigelb mit Milch verquirlen und die Teigtaschen damit bestreichen.

4

Ein Stück Backpapier auf Größe des Frittierkorbs zurechtschneiden und einlegen. Blätterteigtaschen mit Abstand zueinander – falls nötig, in zwei Portionen nacheinander – einlegen. Airfryer auf 180° einstellen, ggf. vorheizen. Teigtaschen darin 6–8 Min. backen – sobald sie fest genug sind, das Backpapier entfernen und in weiteren 3–5 Min. knusprig braun backen. Herausnehmen, kurz abkühlen lassen, dann warm servieren.

Knusper-Frühlingsrollen

Für 25 Stück

1 Std. 10 Min. Zubereitung
10 Min. Frittieren
3 Std. Auftauen

Pro Stück ca. 70 kcal

25 Blätter TK-Frühlingsrollenteig (15 × 15 cm)

600 g Chinakohl

1 dicke Möhre (ca. 200 g)

2 Stangen Staudensellerie

100 g Champignons

2 EL Speisestärke

2 Knoblauchzehen

3 EL Öl zum Braten

200 g Schweinehackfleisch

Salz | Pfeffer

4 EL Sojasauce

Öl zum Bepinseln

Soja- oder Sweet-Chili-Sauce zum Dippen

1

Den Teig in 2–3 Std. auftauen lassen. Chinakohl putzen, waschen und in einzelne Blätter teilen, diese quer in 5 mm breite Streifen schneiden. Möhre schälen und in 4–5 mm lange, feine Streifen schneiden oder hobeln. Sellerie waschen und putzen. Die Stangen längs in feine Streifen und diese in kleine Stückchen schneiden. Die Pilze sauber abreiben und ca. 5 mm groß würfeln. Die Stärke mit 2–3 EL kaltem Wasser glatt verrühren.

2

Knoblauch schälen, fein würfeln und in einer beschichteten Pfanne in 2 EL Öl andünsten. Hackfleisch dazugeben, mit einem Pfannenwender immer wieder zerteilen und so bei großer Hitze krümelig braun braten, dann leicht salzen und pfeffern. Mit 2 EL Sojasauce ablöschen, kurz weiterbraten, aus der Pfanne nehmen.

3

Falls nötig, nochmals 1 EL Öl in der Pfanne erhitzen, darin Möhre und Sellerie ca. 3 Min. unter Rühren bei großer Hitze braten. Mit übriger Sojasauce ablöschen. Pilze und Chinakohl dazugeben und braten, bis die Kohlstreifen zusammengefallen sind und alle Flüssigkeit verdampft ist. Sollte noch sehr viel Flüssigkeit in der Pfanne sein, die Hälfte der Stärkemischung dazugeben und unter Rühren kurz mitbraten, bis alles leicht andickt. Pilzmischung salzen, pfeffern, mit dem Hack mischen und abkühlen lassen.

4

Jeweils 1 aufgetautes Teigblatt mit einer Spitze nach unten auf die Arbeitsplatte legen. 1 gehäuften EL Füllung fast in der Mitte (eher etwas nach unten gerückt) längs mittig darauf verteilen, links und rechts einen breiten Rand lassen. Den Teig von unten her über die Füllung rollen. Die Füllung in Form drücken und noch einmal weiter nach oben rollen. Wieder in Form drücken, dann die beiden Seiten links und rechts bündig zum unteren Rand nach innen klappen – das Ganze erinnert nun an ein Briefkuvert, das oben offen ist.

5

Zum Schluss jeweils die offene, obere Spitze ringsum mit der restlichen Stärkemischung bestreichen, dann die Röllchen fertig nach oben rollen und die Teigspitze dabei jeweils festkleben.

6

Den Airfryer auf 190° einstellen, ggf. vorheizen. Die Röllchen rundum mit Öl bepinseln und portionsweise nebeneinander in den Korb legen. Im Airfryer in 8–10 Min. knusprig frittieren, dabei nach etwa der Hälfte der Zeit wenden. Die Röllchen mit Soja- oder Sweet-Chili-Sauce zum Dippen servieren.

Flammkuchen-Ecken × 4

Klassisch

Für 2 Personen | Pro Portion ca. 755 kcal
10 Min. Zubereitung | 20 Min. Backen

1

1 Packung Flammkuchenteig (340 g; Kühlregal) in für den Airfryer passende Stücke schneiden. **3 Zwiebeln** schälen, längs halbieren und in Ringe schneiden, mit **1 EL Öl** mischen und in den Frittierkorb legen. Airfryer auf 180° einstellen, ggf. vorheizen. Zwiebeln darin in 5–8 Min. goldgelb braten, dabei ein- bis zweimal durchrühren. Inzwischen **100 g Crème fraîche, 60 g Magerquark** und **50 g Sahne** verrühren, mit **Salz** und **Pfeffer** würzen und auf dem Teig verteilen. **80 g Schinkenspeckwürfel** darauf verteilen. Zwiebeln aus dem Airfryer nehmen und ebenfalls darauf verteilen.

2

Flammkuchenecken portionsweise nebeneinander auf Backpapier in den Frittierkorb legen. Airfryer auf 180° einstellen. Flammkuchen darin jeweils in 8–12 Min. knusprig backen.

Tapas-Style

Für 2 Personen | Pro Portion ca. 865 kcal
10 Min. Zubereitung | 10 Min. Backen

1

1 Packung Flammkuchenteig (340 g; Kühlregal) in für den Airfryer passende Stücke schneiden. **100 g Ziegenfrischkäse** mit **70 g Crème fraîche, Salz** und **Pfeffer** verrühren und auf dem Teig verteilen. **200 g abgetropfte, in Öl eingelegte, gegrillte Paprika** in Streifen schneiden und darübergeben. **70 g Chorizo** in Scheiben darauf verteilen. **2 Frühlingszwiebeln** putzen, waschen, mit dem Grün in Ringe schneiden und darüberstreuen.

2

Flammkuchenecken portionsweise nebeneinander auf Backpapier in den Frittierkorb legen. Airfryer auf 180° einstellen, ggf. vorheizen. Flammkuchen darin jeweils in 8–12 Min. knusprig backen.

Mit Lachs

Für 2 Personen | Pro Portion ca. 850 kcal
10 Min. Zubereitung | 12 Min. Backen

1

1 Packung Flammkuchenteig (340 g; Kühlregal) in für den Airfryer passende Stücke schneiden. **1 Bund Frühlingskräuter** (Petersilie, Dill, Estragon, Schnittlauch, Kerbel) waschen, trocken schütteln und fein hacken. Mit **100 g Crème fraîche, 150 g saurer Sahne** und **½ TL abgeriebener Bio-Zitronenschale** verrühren. Mit **Salz** und **Pfeffer** würzen und auf dem Teig verteilen.

2

Flammkuchenecken portionsweise nebeneinander auf Backpapier in den Frittierkorb legen. Airfryer auf 180° einstellen, ggf. vorheizen. Flammkuchen darin jeweils in 8–12 Min. knusprig backen. Inzwischen **100 g Räucherlachs** in Scheiben in Streifen schneiden. Flammkuchen herausnehmen und mit Räucherlachs belegen.

quick and easy quick and easy quick and easy quick and easy quick and easy

Mit Trauben

Für 2 Personen | Pro Portion ca. 870 kcal
10 Min. Zubereitung | 12 Min. Backen

1

1 Packung Flammkuchenteig (340 g; Kühlregal) in für den Airfryer passende Stücke schneiden. Nadeln von **1 Zweig Rosmarin** grob hacken, mit **125 g Crème fraîche** verrühren. Mit **Salz** und **Pfeffer** würzen und dünn auf dem Teig verstreichen. **125 g Gorgonzola** in Stücke schneiden und darauf verteilen. **100 g kleine, kernlose blaue Trauben** waschen, abzupfen und darauf verteilen.

2

Flammkuchenecken portionsweise nebeneinander auf Backpapier in den Frittierkorb legen. Airfryer auf 180° einstellen, ggf. vorheizen. Flammkuchen darin jeweils in 8–12 Min. knusprig backen, dann mit **4 EL gehackten Walnusskernen** bestreuen.

Pizza für zwei

Für 2 Stück

40 Min. Zubereitung
1 Std. Gehen
10 Min. Backen

Pro Stück ca. 790 kcal

250 g Pizzamehl (Tipo 00, ersatzweise Weizenmehl Type 550)

½ Päckchen Trockenhefe

Salz

3 EL Olivenöl

1 Knoblauchzehe

400 g passierte Tomaten

¼ TL getr. Oregano

Pfeffer

1 Kugel Mozzarella (125 g)

5 Champignons

1 Handvoll Rucola

4 Scheiben Parmaschinken (nach Belieben)

1

Das Mehl mit Hefe und ¼ TL Salz in einer Rührschüssel mischen. 100 ml lauwarmes Wasser mit 1 EL Olivenöl verrühren und dazugeben. Alles mit den Knethaken des Handrührgeräts oder der Küchenmaschine auf kleiner Stufe 4–5 Min. kneten, bis sich alles verbunden hat. Sollte der Teig noch sehr trocken sein, nochmals etwas lauwarmes Wasser dazugeben. Dann auf hoher Stufe 5–6 Min. weiterkneten. Ist der Teig gegen Ende zu klebrig, einfach teelöffelweise etwas Mehl unterarbeiten, bis er geschmeidig und formbar ist. Den Pizzateig zur Kugel formen und in der Schüssel zugedeckt an einem warmen Ort 45–60 Min. gehen lassen.

2

Inzwischen Knoblauch schälen und fein hacken. Restliches Olivenöl (2 EL) erhitzen, darin den Knoblauch andünsten. Tomaten dazugeben und mit Oregano, Salz und Pfeffer würzen. Offen bei mittlerer Hitze 20–25 Min. stark einkochen, dann auskühlen lassen.

3

Währenddessen Mozzarella trocken tupfen und in Scheiben schneiden, diese etwas kleiner schneiden. Champignons sauber abreiben und in ca. 4 mm dicke Scheiben schneiden. Rucola waschen und trocken schütteln, grobe Stiele entfernen.

4

Den Teig auf eine leicht bemehlte Arbeitsfläche geben, einmal leicht zusammenkneten, dann halbieren. Die Hälften jeweils zu einer Kugel formen und diese auf Größe des Frittierkorbs oder eines speziellen Pizzaeinsatzes ausrollen. Den Teig in den Korb legen. Den Airfryer auf 200° einstellen, ggf. vorheizen. Den Teig mit Tomatensauce bestreichen. Dann mit der Hälfte Mozzarella und der Hälfte der Champignons belegen, diese leicht in die Tomatensauce eindrücken. Pizza im Airfryer in 5–10 Min. knusprig braun backen.

Tipp Der Belag darf variiert werden: gedünsteter Spinat, Paprikawürfel, Kapern, Oliven, Sardellen – erlaubt ist, was gefällt. Leichte Beläge wie z. B. dünne Schinkenscheiben können in den Ventilator gezogen werden, deshalb sicherheitshalber eine spezielle Abdeckung über die Pizza stellen.

5

Die Pizza herausnehmen und die Hälfte Rucola darauf verteilen. Falls verwendet, die Hälfte der Schinkenscheiben kleiner zupfen und auf die Pizza legen. Den restlichen Teig mit den übrigen Zutaten ebenso verarbeiten und backen. Am besten die erste Pizza teilen und genießen, bis die zweite fertig ist.

Gefüllte Champignons

Für 10 Stück

15 Min. Zubereitung
10 Min. Garen

Pro Stück ca. 95 kcal

1 Stange Lauch (ca. 150 g)

1 TL Öl zum Braten

Salz | Pfeffer

10 größere Champignons

6 Stängel Petersilie

100 g gekochter Schinken in Scheiben

100 g Crème fraîche

100 g geriebener Emmentaler

frisch geriebene Muskatnuss

1

Den Lauch putzen und längs halbieren, die Hälften gründlich waschen und trocken schütteln, dann quer in 5 mm dicke Halbringe schneiden. Lauchstücke mit 1 TL Öl mischen, salzen, pfeffern und in den Frittierkorb geben. Den Airfryer auf 190° einstellen, ggf. vorheizen. Den Lauch darin 4–6 Min. rösten, bis er leicht gebräunt ist, dabei die Stücke nach der Hälfte der Zeit einmal durchrühren. Lauch herausnehmen und leicht abkühlen lassen.

2

Inzwischen die Champignons sauber abreiben. Die Stiele aus den Pilzen herausdrehen und wegwerfen. Die Petersilie waschen und trocken schütteln, die Blättchen abzupfen und fein hacken. Die Schinkenscheiben in kleine Stückchen schneiden. Petersilie und Schinken mit Crème fraîche und geriebenem Emmentaler verrühren. Den abgekühlten Lauch evtl. noch etwas kleiner schneiden und ebenfalls unterrühren. Dann alles kräftig mit Salz, Pfeffer und Muskatnuss abschmecken. Die Schinkenmasse gleichmäßig in den Champignons verteilen und gut darin festdrücken.

3

Den Airfryer auf 180° einstellen. Die Champignons mit der gewölbten Seite nach unten in den Frittierkorb legen. Im Airfryer 7–10 Min. braten, bis die Füllung schön gebräunt ist. Herausnehmen und kurz ruhen lassen. Die gefüllten Champignons einfach so als Snack – geht sogar als Fingerfood – genießen oder mit einem frischen (grünen) Salat als kleinen Imbiss servieren.

Mozzarella-bällchen

Für 16 Stück

20 Min. Zubereitung
15 Min. Garen

Pro Stück ca. 180 kcal

1 Packung Fertig-Pizzateig (ca. 400 g; Kühlregal)

16 Mini-Mozzarellakugeln (ca. 500 g)

50 g gekochter Schinken in Scheiben

4 schwarze Oliven ohne Stein

½ Bund Petersilie

4 EL Pesto

4 EL Olivenöl zum Braten

Salz

1

Den Pizzateig glatt auslegen, dann in 16 gleich große Quadrate schneiden. Mozzarellakugeln in ein Sieb abgießen und die Bällchen mit Küchenpapier gründlich trocken tupfen. Die Schinkenscheiben klein würfeln, Oliven längs vierteln und in kleine Stückchen schneiden. Petersilie waschen und trocken schütteln, Blättchen abzupfen und grob hacken. Die Hälfte davon mit dem Schinken mischen, die andere mit den Oliven vermengen.

2

Das Pesto auf acht Teigquadrate mittig verteilen. Dann auf vier Quadrate die Schinken-Petersilie-Mischung, auf die übrigen vier die Oliven-Petersilie-Mischung geben und jeweils eine Mozzarellakugel auflegen. Nun bei jedem Teigquadrat die vier Ecken vorsichtig nach oben über der Füllung zusammenfassen und zusammendrücken. Offene Seiten schließen und den Teig dabei vorsichtig zu einem runden, rundum geschlossenen Bällchen formen.

3

Den Airfryer auf 175° einstellen und 2–3 Min. vorheizen. Das Olivenöl in ein Schälchen geben und salzen, die Bällchen rundum darin wenden, dann abtropfen lassen und in den Frittierkorb legen. Die Bällchen im Airfryer in 10–15 Min. knusprig braun backen – falls nötig, in zwei Portionen nacheinander. Die Bällchen jeweils nach etwa der Hälfte der Zeit wenden. Herausnehmen und kurz abkühlen lassen, dann die Mozzarellabällchen warm servieren.

Tipp Wer möchte, serviert die knusprigen Käsebällchen mit einer warmen Tomatensauce zum Dippen.

Love your Veggies! Love your Veggies! Love your

Eat more Veggies

Gemüse kann mehr als einfach nur gesund. Bunt, gut gewürzt und cool in heißer Luft gegart überzeugt es alle. Im Salat, als Beilage oder mit Linsen, Kichererbsen oder Tofu als Hauptsache gemixt macht es fleischlos glücklich.

Möhrensalat mit Harissa

Für 2 Personen

15 Min. Zubereitung
15 Min. Frittieren

Pro Portion ca. 180 kcal

400 g Möhren
1 Bio-Orange
1 TL (Rosen-)Harissa
1 EL Honig
1 ½ EL Olivenöl zum Braten
½ TL gemahlener Kreuzkümmel
Salz | Pfeffer
1 Bund Rucola
5 Stängel Koriandergrün
2 EL Limettensaft

1

Die Möhren schälen, dann quer in 6–8 cm lange Stücke schneiden. Die Stücke längs halbieren und dann jeweils – je nach Dicke – längs dritteln oder vierteln, sodass ca. 5 mm dicke Stifte entstehen.

2

Die Orange heiß waschen und abtrocknen. Schale fein abreiben und mit Harissa, Honig, Olivenöl und Kreuzkümmel in einer Schüssel gründlich zu einer Marinade verrühren und diese kräftig salzen und pfeffern. Die Möhren gründlich darin wenden, sodass sie gut mit der Marinade überzogen sind. Möhren in den Frittierkorb geben.

3

Den Airfryer auf 200° einstellen, ggf. vorheizen. Die Möhren darin 12–15 Min. garen, bis sie leicht gebräunt sind (sie sollten nicht zu weich werden), dabei einmal durchrühren oder -rütteln.

4

Inzwischen die abgeriebene Orange quer halbieren, die Hälften mit der Schnittfläche nach unten auf ein Küchenbrett legen. Mit einem scharfen Messer die Schale von oben nach unten samt weißer Haut ringsum in Streifen wegschneiden, dabei den Saft auffangen. Die Orangenhälften anschließend quer in Scheiben schneiden, diese in Viertel, ggf. dabei die Kerne entfernen.

5

Rucola und Koriandergrün waschen und trocken schütteln. Beim Rucola die groben Stiele entfernen, die Blätter evtl. kleiner schneiden. Korianderblättchen abzupfen und grob zerschneiden.

6

Die gegarten Möhren aus dem Airfryer nehmen und in eine Schüssel geben. Die Möhren sofort mit dem aufgefangenen Orangensaft und dem Limettensaft mischen.

Tipp Darf's ein bisschen mehr sein? Dann eine Kugel Mozzarella trocken tupfen, grob zerzupfen und auf dem Salat verteilen. Bringt noch mehr Spannung auf den Teller!

Marokko-Style Marokko-Style Marokko-Style Marokko-Style Marokko-Style

7

Die Möhren lauwarm abkühlen lassen, dann die Orangenstücke, Rucola und die Hälfte Koriandergrün untermischen. Das übrige Koriandergrün darüberstreuen.

Caesar's Salad mit Pilz-Crunch

Für 2 Personen

25 Min. Zubereitung
15 Min. Garen

Pro Portion ca. 510 kcal

FÜR DIE PILZE

150 g Austernpilze

70 g Parmesan | 2 Eier (M)

¼ TL edelsüßes Paprikapulver

1 TL getr. italienische Kräuter

Salz | Pfeffer

4 EL Mehl

60 g Semmelbrösel

Öl zum Besprühen

FÜR DEN SALAT

1 Mini-Romanasalat

10 Kirschtomaten

1 kleine Knoblauchzehe

½ TL Senf

3 EL (Salat-)Mayonnaise

2 EL Joghurt (3,5 % Fett)

1 ½ EL Zitronensaft

½ TL Sojasauce

Salz | Pfeffer

1

Die Pilze kurz kalt waschen, mit Küchenpapier trocken tupfen und mit dem Handballen flach drücken. Den Parmesan fein reiben. Die Eier in einem tiefen Teller verquirlen, dann gründlich mit Parmesan, Paprikapulver und ¼ TL Kräutern verrühren. Mischung leicht salzen und pfeffern. Das Mehl in einen zweiten Teller geben, Brösel und übrige getrocknete Kräuter in einem dritten Teller vermischen.

2

Die Austernpilze erst im Mehl wenden, dabei überschüssiges Mehl abschütteln, dann durch die Eier-Parmesan-Mischung ziehen. Anschließend die Pilze in der Brösel-Kräuter-Mischung wenden und diese leicht andrücken, überschüssige Brösel abschütteln.

3

Die panierten Austernpilze leicht mit Öl besprühen und im Frittierkorb verteilen. Den Airfryer auf 180° einstellen, ggf. vorheizen. Die Pilze darin in 12–15 Min. knusprig braun braten, dabei nach der Hälfte der Zeit einmal wenden.

4

Inzwischen für den Salat den Strunk vom Mini-Romanasalat wegschneiden. Anschließend den Salat quer in ca. 2 cm breite Streifen schneiden und diese waschen und trocken schleudern. Die Kirschtomaten waschen und halbieren.

5

Für das Dressing Knoblauch schälen und in ein Schälchen pressen. Mit Senf, Mayonnaise und Joghurt verrühren, dann mit 1 EL Zitronensaft, Sojasauce, Salz und Pfeffer würzen und mit übrigem Zitronensaft abschmecken. Salat und Tomaten mit dem Dressing mischen und auf Teller verteilen. Die fertigen Pilze darauf anrichten.

superknusprig superknusprig superknusprig superknusprig

Tipp Die Pilze schmecken natürlich auch solo als Snack mit einem Sauerrahm- oder Mayodip oder als Topping auf einem Teller Pasta mit Tomatensauce.

Zucchini mit Minz-Joghurt

Für 2 Personen

15 Min. Zubereitung
15 Min. Frittieren

Pro Stück ca. 365 kcal

3 kleine Zucchini (ca. 500 g)

2 EL Olivenöl zum Braten

1 Knoblauchzehe

½ TL getr. Thymian

knapp ½ TL Currypulver

1 TL gemahlener Kreuzkümmel

3 Msp. Chilipulver

Salz | Pfeffer

5 Stängel Minze

200 g griechischer Joghurt (10 % Fett)

2 EL kalt gepresstes Olivenöl

1 Handvoll Granatapfelkerne (nach Belieben)

1

Die Zucchini waschen, putzen, dann längs halbieren und die Hälften in ca. 2 cm dicke Stücke schneiden. Das Olivenöl in eine Schüssel geben. Knoblauch schälen und dazupressen. Den Thymian zwischen den Fingern zerbröseln und mit Currypulver, ½ TL Kreuzkümmel und Chilipulver dazugeben. Alles kräftig salzen und pfeffern, dann die Zucchinistücke gründlich untermischen, sodass alle Stücke schön mit der Würzmarinade überzogen sind.

2

Die Zucchini in den Frittierkorb geben. Airfryer auf 200° einstellen, ggf. vorheizen. Zucchini darin 12–15 Min. garen, bis sie leicht gebräunt sind (sie sollten nicht zu weich werden), dabei die Zucchini nach der Hälfte der Zeit einmal durchrühren oder -rütteln.

3

Inzwischen die Minze waschen und trocken schütteln, Blättchen abzupfen und bis auf einen kleinen Rest fein zerschneiden. Mit Joghurt, übrigem Kreuzkümmel (½ TL) und kalt gepresstem Olivenöl verrühren. Gerade so viel kaltes Wasser untermischen, dass eine dickflüssige Sauce entsteht. Minz-Joghurt salzen und pfeffern.

4

Die Joghurtsauce auf zwei Teller verteilen und mit einem Löffel flach ausstreichen. Die Zucchini aus dem Airfryer nehmen, kurz abkühlen lassen, dann in der Mitte des Tellers auf der Sauce verteilen. Mit beiseitegelegten Minzeblättchen bestreuen und nach Wunsch mit Granatapfelkernen bestreuen.

Oriental style Oriental style Oriental style

Tipp

Die Zucchini sind prima als kleiner Imbiss für zwei, kalt als Vorspeise für mehrere Freunde oder taugen auch mit etwas gebratenem Fisch oder Fleisch als cooles Sommergericht: Dazu die Zucchini lauwarm mit Joghurt mischen. Fleisch, z. B. Gyros, oder Fisch und ein paar Gurken- und Tomatenwürfel darauflegen.

Sommergemüse mit Sauce

Für 2 Personen

15 Min. Zubereitung
15 Min. Frittieren

Pro Stück ca. 265 kcal

FÜR DAS GEMÜSE

2 kleine Zucchini

1 Aubergine

1 rote Paprika

1 Knoblauchzehe

3 Stängel Thymian

½ TL getr. Oregano

1 ½ EL Olivenöl zum Braten

Salz | Pfeffer

FÜR DIE JOGHURTSAUCE

200 g griechischer Joghurt (10 % Fett)

1 Knoblauchzehe

Salz | Pfeffer

4 Stängel Basilikum

1

Das Gemüse waschen. Zucchini putzen und längs vierteln. Die Viertel in ca. 2,5 cm große Stücke schneiden. Aubergine putzen, längs halbieren und jede Hälfte in drei Spalten schneiden. Spalten in ca. 4 cm lange Stücke schneiden. Paprika halbieren, weiße Trennwände und Kerne entfernen. Die Hälften in ca. 3 cm große Stücke schneiden.

2

Knoblauch schälen, längs halbieren und quer in Scheiben schneiden. Thymian waschen und trocken schütteln, die Blättchen abzupfen und fein hacken. Mit getrocknetem Oregano, Knoblauch und Olivenöl in eine Schüssel geben und gut verrühren.

3

Das Gemüse in die Schüssel geben. Alles salzen, pfeffern, gut mischen und in den Frittierkorb geben. Airfryer auf 180° einstellen, ggf. vorheizen. Das Gemüse darin ca. 8 Min. garen, dann durchrühren. Gemüse in 6–8 Min. fertig garen, bis es leicht gebräunt ist.

4

Inzwischen den Joghurt mit so viel kaltem Wasser verrühren, dass eine dickflüssige Sauce entsteht. Knoblauch schälen und dazupressen, Joghurt salzen und pfeffern. Basilikum waschen und trocken schütteln, Blättchen abzupfen, etwa ein Drittel davon beiseitelegen, den Rest fein zerschneiden und unter die Joghurtsauce rühren.

5

Gemüse aus dem Airfryer nehmen und auf eine Platte geben. Mit Joghurtsauce beträufeln und mit beiseitegelegtem Basilikum bestreuen. Dazu passt Fladenbrot oder Gegrilltes.

Summertime favorite
Summertime favorite
Summertime

4 × feines, kleines Gemüse

Erdnuss-Brokkoli

Für 2 Personen | Pro Portion ca. 155 kcal
5 Min. Zubereitung | 10 Min. Frittieren

1

300 g Brokkoli waschen und in Röschen teilen oder schneiden, den Strunk nach Wunsch in Stifte schneiden. Mit **1 EL Olivenöl zum Braten** mischen, mit **Salz** und **Pfeffer** leicht würzen und in den Frittierkorb geben. Airfryer auf 180° einstellen, ggf. vorheizen. Brokkoli darin 8–10 Min. garen, dabei zwischendurch einmal durchrühren.

2

Inzwischen **2 EL Erdnussmus** (aus dem Glas), **2 EL Limettensaft**, **1 TL Chilisauce** (z. B. Sriracha) und **1 EL Sojasauce** verrühren. So viel kaltes Wasser unterrühren, dass eine dickflüssige Sauce entsteht, mit Salz, Pfeffer und evtl. nochmals Limettensaft abschmecken. Brokkoli auf Teller verteilen und mit der Sauce beträufeln. Schmeckt solo oder als Auflage für eine Asia-Bowl mit Reis.

Pimientos

Für 2 Personen | Pro Portion ca. 70 kcal
5 Min. Zubereitung | 10 Min. Frittieren

1

250 g Pimientos de Padrón waschen und trocken tupfen. Mit **1 EL Olivenöl zum Braten** mischen und in den Frittierkorb geben.

2

Airfryer auf 180° einstellen, ggf. vorheizen. Pimientos darin 8–10 Min. garen, bis sie leicht gebräunt sind. Dabei die Pimientos zwischendurch einmal durchrütteln oder -rühren. Herausnehmen, auf einen Teller geben und mit grobem **Meersalz** und **Pfeffer** leicht würzen. Sie schmecken lauwarm als Tapas und sind eine perfekte Beilage zu gegrilltem oder gebratenem Steak oder Halloumi oder Feta.

Rosmarinkürbis

Für 2 Personen | Pro Portion ca. 250 kcal
5 Min. Zubereitung | 20 Min. Frittieren

1

1 kleinen Kürbis (Hokkaido oder Butternuss, ca. 600 g) schälen, halbieren, dann die Kerne und Fasern mit einem Löffel herauskratzen. Das Fruchtfleisch erst in 2–3 cm breite Spalten und diese dann in 3 cm große Stücke schneiden. **1 rote Zwiebel** schälen und längs in knapp 1 cm breite Spalten schneiden. **1 Zweig Rosmarin** waschen und trocken schütteln, Nadeln abstreifen und grob hacken. Alles mit **1 EL Olivenöl zum Braten**, **Salz**, **Pfeffer** und **¼ TL Chilipulver** mischen und dann in den Frittierkorb geben.

2

Airfryer auf 180° einstellen, ggf. vorheizen. Kürbis darin in ca. 20 Min. rösten, dabei zwischendurch ein- bis zweimal durchrühren.

quick and easy quick and easy quick and easy quick and easy quic

Chinakracher-Bohnen

Für 2 Personen | Pro Portion ca. 80 kcal
5 Min. Zubereitung | 12 Min. Frittieren

1

300 g grüne Bohnen waschen und putzen. **1 Knoblauchzehe** schälen, längs halbieren, dann quer in Scheiben schneiden. **1 TL Öl zum Braten** mit **1 TL Hoisin-Sauce** (aus dem Asienladen), **¾ TL Sojasauce** und nach Wunsch **1–2 Spritzern Chilisauce** (z. B. Sriracha) verrühren. Bohnen gründlich darin wenden und möglichst nicht übereinander im Frittierkorb verteilen. Den Airfryer auf 190° einstellen, ggf. vorheizen. Die Bohnen darin je nach Dicke und gewünschter Knusprigkeit 8–12 Min. frittieren, dabei zwischendurch einmal umrühren. Einfach so knabbern oder zu Fleisch oder einem Tofu-Gericht servieren.

Blumenkohl-Bites

Für 2 Personen

25 Min. Zubereitung
20 Min. Garen

Pro Portion ca. 300 kcal

FÜR DIE BITES

1 kleiner Blumenkohl (ca. 500 g)

2 EL Olivenöl zum Braten

1 TL Ras-el-Hanout (orientalische Gewürzmischung)

¼ TL Chilipulver

Salz | Pfeffer

FÜR DIE SAUCE

Eiswürfel | 1 Zitrone

15 g Petersilie

10 g Koriandergrün

2 EL Tahin (Sesampaste)

1 EL Olivenöl

¼ TL gemahlener Kreuzkümmel

Salz | Pfeffer | Zucker

ZUM BESTREUEN

4 Stängel Koriandergrün (nach Belieben)

3 EL Granatapfelkerne

1

Den Strunk vom Blumenkohl wegschneiden. Blumenkohl waschen und in kleinere Röschen brechen oder schneiden. Das Olivenöl mit Ras-el-Hanout und Chilipulver verrühren, salzen und pfeffern. Die Blumenkohlröschen gründlich darin wenden, bis sie gleichmäßig mit Würzöl überzogen sind, dann in den Frittierkorb geben.

2

Den Airfryer auf 190° einstellen, ggf. vorheizen. Die Blumenkohlröschen darin in 15–20 Min. knusprig und leicht braun rösten, dabei zwischendurch ein- bis zweimal durchrühren.

3

Inzwischen für die Sauce in einem Glas 4–5 Eiswürfel mit etwas Wasser mischen und schmelzen lassen. Den Saft der Zitrone auspressen. Petersilie und Koriandergrün waschen und trocken schütteln, lediglich sehr dicke Stängel entfernen, ansonsten die Kräuter samt den Stielen grob zerschneiden. Mit Tahin, Olivenöl, gut der Hälfte Zitronensaft und Kreuzkümmel möglichst fein pürieren, dabei nach und nach so viel Eiswasser dazugeben, bis eine cremige Sauce entstanden ist. Die Sauce mit Salz, Pfeffer, 1 Prise Zucker und evtl. weiterem Zitronensaft abschmecken.

4

Die Sauce auf zwei Teller oder eine Platte verteilen. Den Blumenkohl aus dem Airfryer nehmen und auf die Sauce häufen.

5

Zum Bestreuen das Koriandergrün, falls verwendet, waschen und trocken schütteln. Die Blättchen abzupfen und hacken. Blumenkohl-Bites mit dem Koriandergrün und den Granatapfelkernen bestreuen und am besten mit Fladenbrot servieren.

Shawarma Shawarma Shawarma Shawarma

4 × Kartoffeln dazu

Pommes frites

Für 2 Personen | Pro Portion ca. 220 kcal
10 Min. Zubereitung | 1 Std. Wässern | 20 Min. Frittieren

1

500 g festkochende Kartoffeln gründlich waschen, schälen und längs erst in 7–10 mm dicke Scheiben und diese in ca. 7 mm dicke Stifte schneiden. Stifte 30–60 Min. in kaltes Wasser legen, dann in ein Sieb gießen, kalt abbrausen, abtropfen lassen, anschließend gründlich trocken tupfen. **1 EL Öl zum Braten** und **1 Prise edelsüßes Paprikapulver** mischen. Pommes gründlich darin wenden, dann sofort im Frittierkorb verteilen.

2

Airfryer auf 190° einstellen, ggf. vorheizen. Pommes darin in ca. 20 Min. knusprig frittieren, dabei nach 10 Min. einmal durchrütteln. Vor dem Servieren die Pommes mit **Salz** würzen.

Country-Potatoes

Für 2 Personen | Pro Portion ca. 315 kcal
10 Min. Zubereitung | 25 Min. Frittieren

1

500 g vorwiegend festkochende Kartoffeln waschen und dabei gründlich sauber bürsten, dann je nach Größe nochmals längs dritteln oder vierteln – es sollten etwa 2,5 cm breite Spalten entstehen. **3 EL Olivenöl zum Braten**, **½ TL edelsüßes Paprikapulver**, **2–3 Msp. Chilipulver**, **knapp ½ TL getr. Oregano**, **½ TL Salz** und **Pfeffer** nach Geschmack mischen. Kartoffeln gründlich darin wenden und sofort in den Frittierkorb geben.

2

Airfryer auf 200° einstellen, ggf. vorheizen. Die Wedges darin in 20–25 Min. knusprig braun rösten, dabei nach der Hälfte der Zeit durchrütteln oder durchrühren.

Rosmarinkartoffeln

Für 2 Personen | Pro Portion ca. 225 kcal
5 Min. Zubereitung | 20 Min. Braten

1

500 g kleine, junge Kartoffeln (Drillinge) gründlich waschen. Je nach Größe halbieren oder vierteln. **2 Zweige Rosmarin** waschen und trocken schütteln, die Nadeln abstreifen und grob hacken. **2 Knoblauchzehen** schälen und quer in Scheiben schneiden. Beides mit **1 EL Olivenöl zum Braten**, **½ TL Salz** und **Pfeffer** mischen. Kartoffeln gründlich darin wenden und in den Frittierkorb legen.

2

Airfryer auf 200° einstellen, ggf. vorheizen. Kartoffeln darin ca. 20 Min. braten, dabei nach ca. 10 Min. einmal gründlich durchrühren.

Süßkartoffel-Wedges

Für 2 Personen | Pro Portion ca. 445 kcal
5 Min. Zubereitung | 20 Min. Frittieren

1

2 Süßkartoffeln (à ca. 350 g) schälen, spitze Enden wegschneiden. Süßkartoffeln quer halbieren, die Hälften längs sechsteln oder achteln. **1 EL Olivenöl zum Braten** mit **1 EL Limettensaft**, **½ TL geräuchertem Paprikapulver**, **½ TL edelsüßem Paprikapulver**, **knapp ½ TL gemahlenem Kreuzkümmel**, **½ TL Salz** und **Pfeffer** verrühren. Die Süßkartoffeln gründlich darin wenden, dann mit **1 EL Speisestärke** bestäuben. Alles gründlich mischen und in den Frittierkorb geben.

2

Airfryer auf 190° einstellen, ggf. vorheizen. Die Süßkartoffel-Wedges darin 8–10 Min. frittieren, dann wenden und weitere 5–10 Min. frittieren.

Fixe Feta-Tomaten-Pasta

Für 2 Personen

15 Min. Zubereitung
15 Min. Frittieren

Pro Stück ca. 885 kcal

200 g Schafskäse (Feta)

400 g (bunte) Kirschtomaten

2 Knoblauchzehen

½ TL getr. Oregano

Zucker

1 ½ TL Aceto balsamico

Salz | Pfeffer

5 EL Olivenöl

200 g kurze Nudeln (z. B. Spirelli oder Penne)

5 schwarze Oliven ohne Stein

6 Stängel Petersilie

AUSSERDEM

hitzebeständige Back- oder Auflaufform für den Airfryer

1

Den Schafskäse trocken tupfen und in die Mitte der Form legen. Kirschtomaten waschen, halbieren und rings um den Käse anordnen. Knoblauch schälen und fein hacken, mit Oregano und 2 Prisen Zucker über die Tomaten streuen. Aceto balsamico darüberträufeln. Alles salzen, pfeffern und mit Olivenöl beträufeln.

2

Wasser in einem Topf zum Kochen bringen und salzen. Pasta dazugeben und nach Packungsanweisung al dente garen. Anschließend in ein Sieb abgießen und abtropfen lassen. Falls nötig, Pasta noch kurz zugedeckt warm halten.

3

Schon während das Nudelwasser aufkocht, den Airfryer auf 200° einstellen, ggf. vorheizen. Die Form in den Frittierkorb stellen und Käse und Tomaten im Airfryer 12–15 Min. garen. Dabei ein- bis zweimal die Tomaten rings um den Feta durchrühren – sie sollten wie der Käse bräunen und dürfen auch zerfallen.

4

Inzwischen Oliven in Ringe schneiden. Petersilie waschen und trocken schütteln, Blättchen abzupfen und nicht zu fein schneiden.

5

Die Form aus dem Airfryer nehmen, Oliven und die Hälfte der Petersilie zu Tomaten und Schafskäse geben. Alles mit einem Löffel zu einer cremigen Sauce verrühren. Die Käse-Tomaten-Masse mit den Nudeln mischen und kurz ziehen lassen. Dann mit übriger Petersilie bestreuen, pfeffern und warm servieren.

besser ratzfatz als tiktok besser ratzfatz als tiktok

Tipp

Noch Gemüse gefällig? Wer möchte, gibt mit den Tomatenstückchen auch noch ca. 1 Handvoll Zucchini-, Paprika- oder Auberginenwürfel mit in die Form.

Falafeln mit Tahin-Dip

Für 2 Personen (ca. 16 Stück)

30 Min. Zubereitung
12 Std. + 1 Std. Ruhen
20 Min. Frittieren

Pro Portion ca. 550 kcal

200 g getr. Kichererbsen

1 Zwiebel

2 Knoblauchzehen

½ Bund Koriandergrün

½ Bund Petersilie

1 Zitrone

1 ½ TL gemahlener Koriander

¾ EL gemahlener Kreuzkümmel

3 Msp. Chilipulver

Salz | Pfeffer

1 TL Backpulver

3 EL Tahin (Sesampaste)

150 g Joghurt (3,5 % Fett; ersatzweise pflanzliche Joghurtalternative)

Öl zum Bepinseln

1

Die Kichererbsen in einer großen Schüssel in reichlich kaltem Wasser 12 Std. (über Nacht) einweichen. Achtung: Sie verdoppeln ihr Volumen! Am nächsten Tag die Kichererbsen in ein Sieb abgießen, kalt abbrausen und gut abtropfen lassen.

2

Zwiebel und Knoblauch schälen und würfeln. Kräuter waschen und trocken schütteln, dann mitsamt den Stielen zerschneiden und mit den Kichererbsen mischen. Den Saft der Zitrone auspressen.

3

Die Kichererbsenmischung in der Küchenmaschine oder im Blitzhacker portionsweise zerkleinern, dabei die Masse an den Wänden des Blitzhackers immer wieder nach unten schieben. Kichererbsenmix nicht zu lange zerkleinern oder gar pürieren! Die Masse sollte am Ende eher bröselig mit kleinen Stücken, auf keinen Fall breiig weich sein. Die Masse mit 1 EL Zitronensaft, Koriander, Kreuzkümmel, Chili sowie 1 TL Salz und Pfeffer würzen, Backpulver untermischen. Masse ca. 1 Std. zugedeckt in den Kühlschrank stellen.

4

Tahin mit 3 EL Zitronensaft verrühren. Joghurt und nach und nach so viel kaltes Wasser unterrühren, dass eine dickflüssige Sauce entsteht. Dip mit Zitronensaft, Salz und Pfeffer würzen.

5

Von der Kichererbsenmasse jeweils eine üppige Portion mit einem Esslöffel abnehmen und diese erst zu Bällchen, dann zu etwas flacheren Talern formen. Die abgeflachten Bällchen auf einer Seite mit Öl bepinseln und mit dieser Seite nach unten und mit etwas Abstand zueinander in den Frittierkorb legen. Obere Seite dann ebenfalls mit Öl bepinseln. Airfryer auf 200° einstellen, ggf. vorheizen. Falafeln darin – falls nötig, portionsweise nacheinander – ca. 10 Min. frittieren, dann wenden und in weiteren 8–10 Min. knusprig-dunkelbraun frittieren. Herausnehmen und mit dem Dip servieren.

Tipp Wer will, richtet die Falafeln zusätzlich auf Salatblättern, Gurken- und Tomatenscheiben sowie Zwiebelringen an und träufelt dann das Dressing über alles.

Knusper-Vegan-Power-Bällchen Knusper-Vegan

Black Bean Burger

Für 2 Personen

20 Min. Zubereitung
35 Min. Frittieren

Pro Portion ca. 895 kcal

FÜR DIE PATTIES

1 Dose schwarze Bohnen (400 g)

100 g braune Champignons

1 Zwiebel

1 Knoblauchzehe

3 EL Olivenöl zum Braten

Salz | Pfeffer

6 Stängel Koriandergrün

1 Ei (S)

1 TL Chili-con-Carne-Gewürzmischung

½ TL (geräuchertes) Chilipulver

3 EL Panko-Paniermehl (ersatzweise Semmelbrösel)

1

Für die Patties die Bohnen in ein Sieb abgießen, kalt abbrausen und abtropfen lassen. Airfryer auf 160° einstellen. Die Hälfte der Bohnen in den Frittierkorb geben und im Airfryer 5–8 Min. rösten, bis die Schale aufplatzt und die Bohnen leicht knusprig sind.

2

Inzwischen die Pilze sauber abreiben und in ca. 4 mm dicke Scheiben schneiden. Zwiebel und Knoblauch schälen, die Zwiebel in 3–4 mm dicke Spalten, den Knoblauch in Scheiben schneiden. Beides gründlich mit den Champignonscheiben und 1 EL Öl mischen, dann die Mischung leicht salzen und pfeffern.

3

Geröstete Bohnen aus dem Frittierkorb nehmen und leicht abkühlen lassen. Inzwischen die Pilz-Zwiebel-Mischung in den Korb geben. Airfryer auf 180° einstellen und die Mischung in 8–10 Min. leicht braun frittieren, dann herausnehmen und leicht abkühlen lassen. Währenddessen Koriandergrün waschen und trocken schütteln, die Blättchen abzupfen und grob zerschneiden. Das Ei leicht verquirlen.

4

Geröstete und ungeröstete Bohnen abwechselnd mit der Pilzmischung, der Gewürzmischung und dem Chilipulver in einen Blitzhacker geben und grob stückig zerkleinern, die Mischung sollte nicht zu fein und keinesfalls musig sein. Dann Ei und Koriandergrün gründlich unter die Bohnenmasse mischen und alles mit Salz, Pfeffer und je nach gewünschter Schärfe ¼ – ½ TL Chilipulver würzen. Je nach Feuchtigkeit noch 2–3 EL Pankobrösel untermischen.

5

Aus der Masse zwei flache Patties formen. Den Frittierkorb mit Öl bepinseln, die Patties ebenfalls bepinseln und hineinlegen. Airfryer auf 200° einstellen und die Patties in 12–15 Min. frittieren, dabei nach etwa der Hälfte der Zeit wenden.

6

Inzwischen für die Burger die Tomate waschen und quer in dünne Scheiben schneiden. Avocado halbieren, Kern entfernen und das Fruchtfleisch mit einem Löffel herauslösen und grob zerschneiden. Mit Limettensaft beträufeln, dann mit einer Gabel grob zerdrücken. Avocadomus mit Salz, Pfeffer und Kreuzkümmel würzen.

7

Bean-Patties aus dem Airfryer nehmen. Airfryer auf 190° einstellen. Burger-Buns in den Frittierkorb legen und 2–3 Min. rösten, dann herausnehmen. Buns halbieren. Die Tomatenscheiben auf den unteren Brötchenhälften verteilen. Patties auflegen, das Avocadomus darauf verteilen, dann die obere Brötchenhälfte auflegen und servieren.

AUSSERDEM FÜR DIE BURGER

1 Tomate

1 reife Avocado

2 EL Limettensaft

knapp ½ TL gemahlener Kreuzkümmel

2 Burger-Buns (Fertigprodukt)

Sticky Tofu mit Ingwer

Für 2 Personen

15 Min. Zubereitung
15 Min. (oder 6 Std.) Marinieren
10 Min. Ruhen
20 Min. Garen

Pro Portion ca. 290 kcal

200 g fester Tofu

1 Knoblauchzehe

4 ½ EL Sojasauce

4 EL Speisestärke

15 g frischer Ingwer

100 ml Orangensaft

2 EL Ketchup

1 EL Reis- oder Weißweinessig

2 EL (brauner) Zucker

2 TL Chilisauce (z. B. Sriracha)

3 Frühlingszwiebeln

Öl zum Besprühen

1

Den Tofu zwischen zwei Lagen Küchenpapier geben und mit den Händen kräftig und so trocken wie möglich ausdrücken. Dann den Tofu in ca. 2 cm große Würfel schneiden. Knoblauch schälen und halbieren. Eine Hälfte in einen kleinen Gefrierbeutel geben, 2 EL Sojasauce dazugießen. Die Tofuwürfel dazugeben. Beutel verschließen und den Tofu gründlich in der Sojasauce wenden. Den Tofu mindestens 15 Min. oder, falls möglich, ca. 6 Std. marinieren.

2

Dann den Tofu aus der Marinade nehmen, dabei die Marinade gut abschütteln. Von der Stärke 1 ½ TL abnehmen und beiseitestellen. Restliche Stärke auf einen Teller geben und den Tofu gründlich darin wenden – er sollte rundum schön, aber nicht zu dick damit bedeckt sein. Tofu ca. 10 Min. ruhen lassen.

3

Den Airfryer auf 180° einstellen, ggf. vorheizen. Den Frittierkorb mit etwas Öl besprühen und den Tofu darin verteilen. Die Tofuwürfel im Airfryer ca. 10 Min. frittieren, dann kurz herausnehmen, durchrühren und dünn mit etwas Öl besprühen. Anschließend die Würfel im Airfryer weitere 8 Min. frittieren.

4

Inzwischen die übrige Knoblauchhälfte in einen kleinen Topf pressen. Den Ingwer schälen und auf einer Reibe fein dazureiben oder fein würfeln und dazugeben. Die übrige Sojasauce, Orangensaft, Ketchup, Essig, Zucker, Chilisauce und die beiseitegestellte Speisestärke (1 ½ TL) dazugeben. Alles gründlich verrühren, bis sich der Zucker und die Stärke gut aufgelöst haben, dann unter Rühren aufkochen lassen. Die Sauce ca. 5 Min. bei mittlerer Hitze unter gelegentlichem Rühren köcheln lassen, bis sie eingedickt ist.

Tofu mit Wow-Faktor Tofu mit Wow-Faktor

Tipp Gemüse-Kick! Wer möchte, brät zuerst klein geschnittene Paprika, Zuckerschoten oder feine Möhrenstifte in etwas Öl an und gibt dann die Saucenzutaten dazu.

5

Die Frühlingszwiebeln putzen, waschen und mit dem Grün in Röllchen schneiden. Die Tofustücke aus dem Airfryer nehmen und in die Sauce geben. Tofu gründlich darin wenden, bis er ringsum schön mit Sauce überzogen ist. Dann die Frühlingszwiebelringe unterrühren. Sticky Tofu zu Reis servieren.

Kokos-Ramen mit Tofu

Für 2 Personen

20 Min. Zubereitung
15 Min. (oder 6 Std.) Marinieren
25 Min. Garen

Pro Portion ca. 540 kcal

FÜR TOFU UND PILZE

200 g fester Tofu

2 EL Sojasauce

1 TL Chilisauce (z. B. Sriracha)

4 EL Speisestärke

200 g Champignons

Öl zum Besprühen (+ 1 EL zum Wenden der Pilze)

FÜR DIE KOKOS-RAMEN

125 g Instant-Ramen (ersatzweise Mie-Nudeln)

1 Zwiebel | 1 Knoblauchzehe

15 g frischer Ingwer

1 EL Kokosöl

2 TL mildes Currypulver

250 ml Kokosmilch

400 ml Gemüsebrühe

2 EL Sojasauce | Salz | Pfeffer

2 EL Limettensaft

1

Den Tofu zwischen zwei Lagen Küchenpapier geben und mit den Händen kräftig ausdrücken. Dann in ca. 2 cm große Würfel schneiden. Die Sojasauce mit Chilisauce in einen kleinen Gefrierbeutel geben und mischen, den Tofu dazugeben. Beutel verschließen und den Tofu gründlich in der Marinade wenden. Den Tofu mindestens 15 Min. oder, falls möglich, ca. 6 Std. marinieren.

2

Tofu aus der Marinade nehmen, dabei die Marinade gut abschütteln. Die Stärke auf einen Teller geben und den Tofu gründlich darin wenden – er sollte rundum schön, aber nicht zu dick damit bedeckt sein. Tofu ca. 10 Min. ruhen lassen.

3

Währenddessen die Champignons sauber abreiben und in ca. 4 mm dicke Scheiben schneiden.

4

Für die Kokos-Ramen die Nudeln nach Packungsanweisung garen, in ein Sieb abgießen, kalt abbrausen und abtropfen lassen. Zwiebel, Knoblauch und Ingwer schälen und getrennt fein würfeln. Kokosöl in einem Topf erhitzen, darin die Zwiebel goldgelb andünsten. Knoblauch und Ingwer dazugeben und kurz mitdünsten. Das Currypulver darüberstreuen und kurz mitrösten. Kokosmilch und Brühe dazugießen und alles zugedeckt 15–20 Min. bei kleiner Hitze köcheln lassen, dann mit Sojasauce, Salz, Pfeffer und etwas Limettensaft würzen.

5

Während die Suppe köchelt, den Frittierkorb für Tofu und Pilze leicht mit Öl bepinseln oder besprühen. Überschüssige Stärke vom Tofu abschütteln und den Tofu rundum mit Öl besprühen, dann in den Frittierkorb geben. Den Airfryer auf 200° einstellen, ggf. vorheizen. Den Tofu darin in 8–10 Min. leicht kross frittieren.

6

Inzwischen die Champignons in 1 EL Öl wenden, leicht salzen und pfeffern. Den Tofu im Frittierkorb beiseiteschieben und dabei wenden, die Pilze daneben in den Frittierkorb geben. Alles weitere 4–5 Min. frittieren, dabei die Pilze einmal durchrühren.

7

Die Frühlingszwiebeln zum Bestreuen putzen, waschen und mit dem Grün schräg in Ringe schneiden. Die Kokos-Suppe nochmals mit Salz, Pfeffer und Limettensaft abschmecken. Ramen hineingeben und heiß werden lassen, dann auf Schalen verteilen. Tofu und Pilze darauf anrichten, mit Frühlingszwiebeln und nach Wunsch auch mit Chili-Crunch beträufeln.

ZUM BESTREUEN

3 Frühlingszwiebeln

2 TL Chili-Crunch (aus dem Bioladen; nach Belieben; ersatzweise 4 Spritzer Chiliöl)

Mais-Rippchen mit Lime-Dip

Für 2 Personen

20 Min. Zubereitung
12 Min. Garen

Pro Stück ca. 340 kcal

FÜR DIE MAIS-RIPPCHEN

2 vorgegarte Maiskolben (vakuumverpackt)

1 Knoblauchzehe

2 EL Butter

½ TL gemahlener Kreuzkümmel

1 TL (geräuchertes) Paprikapulver

1 EL Sojasauce

½ TL Zucker

Salz | Pfeffer

FÜR DEN LIME-DIP

100 g Schafskäse (Feta)

3 EL saure Sahne

2 EL Mayonnaise

1 Knoblauchzehe

1 Bio-Limette

2 Frühlingszwiebeln

1

Die Maiskolben mit einem großen und stabilen Messer oben und unten gerade abschneiden. Dann die Kolben aufrecht mit der dickeren Seite nach unten auf eine rutschfeste Unterlage stellen. Das Messer nun oben in der Mitte ansetzen. Dann das Messer mit einer Hand von oben an der Klinge halten und mit der anderen am Messergriff, dann die Klinge nach unten drücken. Dabei nicht den Kolben halten – das könnte gefährlich werden. Die Hälften dann wie beschrieben halbieren, um insgesamt acht Viertel zu erhalten.

2

Den Knoblauch schälen und zur Butter in ein hitzebeständiges Schälchen pressen. Den Airfryer auf 180° einstellen (ohne Vorheizen) und die Butter darin in 3–5 Min. schmelzen, zwischendurch ein- bis zweimal umrühren. Anschließend die Butter mit gemahlenem Kreuzkümmel, Paprikapulver, Sojasauce und Zucker mischen, salzen und pfeffern. Die Kolbenviertel gründlich darin wenden.

3

Den Airfryer auf 200° einstellen, ggf. vorheizen. Mais in den Frittierkorb geben und im Airfryer in 10–12 Min. knusprig braun rösten, dabei nach der Hälfte der Zeit wenden oder durchrütteln.

4

Inzwischen für den Lime-Dip den Schafskäse mit einer Gabel zerdrücken, die Hälfte davon mit saurer Sahne und Mayonnaise mischen. Knoblauch schälen und dazupressen. Die Limette heiß waschen, abtrocknen und halbieren. Von einer Hälfte die Schale fein abreiben und zur Mayonnaisemischung geben, dann den Saft auspressen. Die zweite Hälfte halbieren und beiseitelegen. Die Frühlingszwiebeln putzen, waschen und mit dem Grün in Ringe schneiden. Koriandergrün waschen und trocken schütteln, die Blättchen abzupfen und hacken. Die Hälfte davon und die Hälfte der Frühlingszwiebeln unter die Mayonnaisemischung rühren. Den Dip mit 1 EL Limettensaft, Paprikapulver, Salz, Pfeffer und 2 Prisen Zucker würzen.

5

Die Mais-Rippchen aus dem Airfryer nehmen und auf einer Platte anrichten. Mit übrigem Schafskäse sowie restlichen Frühlingszwiebeln und Koriandergrün bestreuen. Die Mais-Rippchen mit dem Dip und den beiseitegelegten Limettenvierteln zum Beträufeln servieren.

6 Stängel Koriandergrün

½ TL geräuchertes Paprikapulver

Salz | Pfeffer

Zucker

Gefüllte Backkartoffeln

Für 2 Personen

15 Min. Zubereitung
35 Min. Garen

Pro Stück ca. 455 kcal

10 junge mehlig- oder vorwiegend festkochende Kartoffeln (à ca. 80 g)

2 EL Olivenöl zum Braten

Salz

30 g Walnusskerne

1 Bund Rucola

60 g Gorgonzola

3 EL Crème légère

25 g Butter

Pfeffer

1

Die Kartoffeln gründlich sauber waschen oder bürsten, dann abtrocknen. Öl mit ¼ TL Salz verrühren. Die Kartoffeln rundum damit bepinseln und in den Frittierkorb legen. Airfryer auf 200° einstellen, ggf. vorheizen und die Kartoffeln darin 20–25 Min. garen. Sie sollten sich danach mit einem spitzen Messer ohne Widerstand einstechen lassen können, ansonsten die Kartoffeln noch etwas länger garen.

2

Inzwischen die Walnusskerne in einem Pfännchen ohne Fett rösten, bis sie duften. Die Walnüsse herausnehmen, abkühlen lassen und mit einem großen, schweren Messer grob hacken.

3

Rucola waschen und trocken schütteln, grobe Stiele entfernen. Die Blättchen grob zerschneiden. Gorgonzola in Stückchen schneiden.

4

Die gegarten Kartoffeln aus dem Airfryer nehmen und abkühlen lassen, bis sie sich gut anfassen und weiterverarbeiten lassen. Dann die Kartoffeln längs halbieren. Das Innere bis auf einen 5–7 mm breiten Rand mit einem Teelöffel herauskratzen und in eine Schüssel geben. Mit Crème légère, Gorgonzola und Butter gründlich mit einer Gabel vermengen. Gut die Hälfte Rucola untermischen und die Kartoffel-Gorgonzola-Masse mit Salz und Pfeffer abschmecken.

5

Die Masse in die ausgehöhlten Kartoffelhälften füllen, diese nebeneinander in den Frittierkorb setzen. Airfryer auf 180° einstellen und die Kartoffeln darin in 8–10 Min. goldbraun backen. Herausnehmen und mit übrigem Rucola und Walnüssen bestreut servieren.

Enjoy your meal
Enjoy your meal
Enjoy your me

Fisch & Fleisch

Von wegen fettes, ungesundes Fastfood: Im Airfryer gelingen Cheeseburger, Chicken Nuggets, Schnitzel und Fischstäbchen schlank und speedy, aber trotzdem saftig, kross und unverschämt lecker.

Spicy Fisch-Tortillas

Für 2 Personen

25 Min. Zubereitung
15 Min. Braten

Pro Portion ca. 665 kcal

1 Mini-Romanasalat

1 Tomate

1 rote Zwiebel

5 Stängel Koriandergrün

350 g etwa gleich dickes, weißfleischiges Fischfilet (z. B. Seelachs)

Salz | Pfeffer

1 Bio-Limette

2 EL Rohrohrzucker

2 TL Chili-con-Carne-Gewürzmischung (ersatzweise Cajun-Mischung)

Öl zum Besprühen

100 g Schmand

100 g Joghurt (3,5 % Fett)

1 Knoblauchzehe

4 kleine oder 2 große Tortillafladen

1

Den Mini-Romanasalat putzen und in einzelne Blätter teilen. Waschen und trocken schütteln und in ca. 1 cm breite Streifen schneiden. Die Tomate waschen und klein würfeln. Die Zwiebel schälen und grob würfeln. Koriandergrün waschen und trocken schütteln, die Blättchen abzupfen und grob zerschneiden.

2

Das Fischfilet kalt abbrausen, trocken tupfen, salzen und pfeffern. Die Limette heiß waschen, abtrocknen und halbieren. Die Schale fein abreiben, die Hälfte davon mit Zucker und Gewürzmischung mischen, Rest beiseitestellen. Fischfilet halbieren und ringsum mit der Limettenschalen-Gewürz-Mischung bestreuen, dann diese gleichmäßig mit den Fingern leicht einmassieren. Den Frittierkorb mit etwas Öl einsprühen oder bepinseln. Die Fischstücke rundum leicht mit Öl einsprühen und in den Frittierkorb legen.

3

Airfryer auf 200° einstellen, ggf. vorheizen. Fisch darin 12–15 Min. braten, bis er schön gebräunt ist und sich mit einer Gabel leicht in einzelne Stücke teilen lässt. Inzwischen den Saft aus einer Limettenhälfte pressen. Schmand, Joghurt und übrige Limettenschale verrühren. Knoblauch schälen und dazupressen. Joghurtmischung mit 2–3 Spritzern Limettensaft, Salz und Pfeffer würzen. Mit so viel kaltem Wasser verdünnen, dass eine dickflüssige Sauce entsteht.

4

Die Tortillafladen in einer Pfanne nach Packungsanweisung aufbacken. Fisch aus dem Airfryer nehmen und mit einer Gabel in grobe Stücke zerpflücken. Die Fladen mit Salat, Tomate und Zwiebel belegen, Fischstücke daraufgeben und alles mit der Sauce beträufeln und mit Koriandergrün bestreuen. Die übrige Limettenhälfte halbieren und zum Beträufeln dazu servieren.

Aufrollen und reinbeißen! Aufrollen und reinbeißen!

Tipp

Spice it up: Hier kannst du mit Gewürzen experimentieren – eine Tex-Mex-Mischung für Burritos oder Tacos passt auch, genau wie ein Spice-Rub deiner Wahl!

Tacos mit Kokosgarnelen

Für 6 Stück

25 Min. Zubereitung
30 Min. Auftauen
10 Min. Frittieren

Pro Stück ca. 350 kcal

250 g TK-Bio-Riesengarnelen (Black Tiger Prawns, geschält)

4 EL Limettensaft

1 Baby-Ananas

1 große reife Avocado

1 rote Chilischote

6 Stängel Koriandergrün

Salz

6 Lollo-bionda-Salatblätter

6 Taco-Shells

3 EL Mehl

¼ TL Chilipulver

1 Ei (L)

40 g Kokosflocken

25 g Panko-Paniermehl (ersatzweise Semmelbrösel)

Öl zum Besprühen

1

Die Garnelen in einem Sieb auftauen lassen, anschließend kalt abbrausen, abtropfen lassen und mit Küchenpapier trocken tupfen. Garnelen mit 1 EL Limettensaft mischen.

2

Inzwischen die Ananas schälen und das Fruchtfleisch würfeln. Dazu die Frucht oben und unten gerade abschneiden, dann längs achteln. Den Strunk von jedem Achtel wegschneiden. Das Fruchtfleisch nun von der Schale, danach in sehr kleine Stücke schneiden.

3

Die Avocado halbieren und den Kern entfernen, das Fruchtfleisch mit einem Löffel herauslösen und klein würfeln. Die Chilischote waschen, putzen und längs halbieren, Kerne und Trennwände herauskratzen. Die Chilihälften winzig klein würfeln.

4

Koriandergrün waschen und trocken schütteln, Blättchen abzupfen und fein zerschneiden. Die Hälfte davon mit Ananas, Avocado, Chili und übrigem Limettensaft (3 EL) mischen. Die Salsa leicht salzen und ziehen lassen. Salatblätter waschen und trocken tupfen.

5

Die Taco-Shells nach Packungsanweisung im Airfryer aufbacken. Inzwischen Mehl mit ½ TL Salz und Chilipulver in einem tiefen Teller mischen. Ei in einem tiefen Teller verquirlen, leicht salzen. Kokosflocken und Panko-Paniermehl in einem dritten Teller mischen. Die Garnelen erst in Mehl wenden, überschüssiges Mehl abklopfen. Dann die Garnelen im Ei wenden, dieses gut abtropfen lassen und zuletzt Garnelen in der Kokosmischung wenden, diese gut andrücken.

6

Den Frittierkorb mit Öl besprühen. Die panierten Garnelen in den Frittierkorb legen und ebenfalls mit Öl besprühen.

7

Den Airfryer auf 180° einstellen, ggf. vorheizen. Die Garnelen darin in 7–10 Min. knusprig frittieren, dabei nach etwa der Hälfte der Zeit wenden. Inzwischen je 1 Salatblatt in je 1 Taco-Shell legen. Die Avocado-Ananas-Salsa darauf verteilen. Die fertigen Garnelen aus dem Airfryer nehmen und darauf anrichten. Alles mit dem restlichen Koriandergrün bestreuen und servieren.

Teriyaki-Lachs-Noodle-Bowl

Für 2 Personen

25 Min. Zubereitung
5 Std. Marinieren (wenn möglich)

Pro Portion ca. 750 kcal

20 g frischer Ingwer

2 Knoblauchzehen

4 EL Sake (Reiswein; ersatzweise trockener Sherry)

2 EL Zucker

6 EL Sojasauce

400 g Lachsfilet (ohne Haut)

Salz | Pfeffer

100 g Sobanudeln (jap. Buchweizennudeln; ersatzweise Mie-Nudeln)

100 g Baby-Spinat

1 EL Öl zum Braten

1 EL dunkler Sesam (nach Belieben)

1

Den Ingwer und 1 Knoblauchzehe schälen, in dünne Scheiben schneiden und mit Sake, Zucker und 5 EL Sojasauce so lange verrühren, bis sich der Zucker fast vollständig gelöst hat. Den Lachs kalt abbrausen und trocken tupfen, in zwei Stücke schneiden und in die Teriyaki-Marinade legen. Lachs möglichst 5 Std. abgedeckt im Kühlschrank marinieren, dabei einmal wenden.

2

Dann den Lachs aus der Marinade nehmen und gut abtropfen lassen, dabei die Flüssigkeit auffangen. Die Marinade mit 3 EL Wasser in einem Pfännchen bei großer Hitze einkochen, bis sie dickflüssig und leicht sirupartig wird. Lachs rundum mit der Hälfte der Sauce bepinseln, leicht salzen und pfeffern, dann in den Frittierkorb legen.

3

Die Nudeln nach Packungsanweisung garen, in ein Sieb abgießen und abtropfen lassen. Während der Garzeit den Baby-Spinat verlesen, waschen und leicht abtropfen lassen. Die übrige Knoblauchzehe schälen und fein würfeln.

4

Airfryer auf 190° einstellen, ggf. vorheizen. Lachsstücke darin 8–10 Min. garen. Inzwischen das Öl in einer Pfanne erhitzen und den Knoblauch darin andünsten. Spinat dazugeben und bei großer Hitze zusammenfallen lassen. Mit übriger Sojasauce (1 EL) ablöschen, Hitze reduzieren und den Spinat mit Salz und Pfeffer würzen.

5

Zum Servieren die Sobanudeln mit dem Spinat mischen und in Schalen verteilen, Lachsstücke daraufgeben, in Stücke zerteilen und mit übriger Sauce beträufeln. Nach Wunsch mit Sesam bestreuen.

Tipp

Noch schneller: Wenn's eilt, das Marinieren einfach weglassen und die Teriyaki-Marinade direkt nach dem Verrühren einkochen.

New Style Fish & Chips

Für 2 Personen

25 Min. Zubereitung
15 Min. Frittieren

Pro Portion ca. 590 kcal

FÜR DEN CHIPS-FISCH

300 g Seelachs-Loins (grätenfreies Rückenfilet)

1 EL Zitronensaft

80 g scharfe Kartoffelchips (Fertigprodukt)

1 Ei (M)

Salz | Pfeffer

3 EL Mehl

FÜR DAS ERBSENPÜREE

1 kleine Zwiebel

1 TL Butter

250 g TK-Erbsen

Salz | Pfeffer

1 Stängel Minze

3 EL Sahne

2 Spritzer Zitronensaft

1

Das Fischfilet kalt abbrausen und trocken tupfen, dann quer in ca. 2,5 cm breite Stücke schneiden und mit Zitronensaft mischen.

2

Die Chips im Blitzhacker nicht zu fein zerkleinern. Das Ei in einem tiefen Teller verquirlen, salzen und pfeffern. Chips-Brösel und Mehl getrennt in jeweils einen weiteren Teller geben.

3

Die Fischstücke salzen und pfeffern. Erst im Mehl wenden, dabei überschüssiges Mehl abschütteln, dann die Stücke im Ei wenden und zuletzt in den Chips, diese dabei gut andrücken. Fischstücke nebeneinander im Frittierkorb verteilen. Airfryer auf 180° einstellen, ggf. vorheizen. Die Fischstücke darin in ca. 15 Min. knusprig braun garen, dabei nach der Hälfte der Zeit wenden.

4

Inzwischen für das Erbsenpüree die Zwiebel schälen und klein würfeln. Butter in einem Topf schmelzen, darin die Zwiebel goldgelb andünsten. Gefrorene Erbsen und 100 ml Wasser dazugeben. Alles salzen, pfeffern und zugedeckt 6–8 Min. bei mittlerer Hitze weich dünsten, dabei gegen Ende offen dünsten, es sollte fast alle Flüssigkeit verdunsten. Inzwischen die Minze waschen und trocken schütteln, Blättchen abzupfen und fein zerschneiden.

5

Die Erbsen mit einem Kartoffelstampfer oder einer Gabel grob zermusen oder mit dem Pürierstab sehr grob pürieren. Sahne und Minze unterrühren. Das Erbsenpüree mit Salz, Pfeffer und 1–2 Spritzern Zitronensaft würzen und abschmecken. Auf Teller verteilen und die mit Kartoffelchips panierten Fischstücke dazulegen. Wer will, kann dazu natürlich auch noch weitere Kartoffelchips oder Pommes oder Wedges aus dem Airfryer servieren.

die Briten! Die spinnen, die Briten! Die spinnen

Tipp

Ein echt englischer Klassiker ist frittierter Fisch mit Chips und Mushy Peas – hier mal frischer, schneller und witziger zusammengebastelt!

Nuggets mit Coleslaw

Für 2 Personen

25 Min. Zubereitung
2 Std. Kühlen
15 Min. Frittieren

Pro Portion ca. 745 kcal

FÜR DEN COLESLAW

1 kleiner Spitzkohl (ca. 300 g)

1 Möhre

1 Stange Staudensellerie (mit Grün)

Salz | Pfeffer

3 EL Mayonnaise

5 EL Sahne

2 EL Weißweinessig

2 Spritzer Zitronensaft

FÜR DIE NUGGETS

250 g Hähnchenbrustfilet

Salz | Pfeffer

100 g Nacho-Chips (Fertigprodukt)

2 Eier (M) | 40 g Mehl

1 ½ EL Chili-con-Carne-Gewürzmischung

Öl zum Besprühen

1

Für den Coleslaw den Kohl längs vierteln und waschen, den Strunk keilförmig herausschneiden. Die Viertel quer in ganz feine Streifen schneiden oder hobeln. Möhre schälen und grob zum Kohl hobeln. Staudensellerie putzen und waschen. Schönes Grün abschneiden und beiseitelegen, die Stange in feine Scheiben schneiden oder hobeln und ebenfalls zum Kohl geben. Die Gemüse-Kohl-Mischung leicht salzen und pfeffern und kräftig mit den Händen durchkneten, bis der Kohl weicher wird und Wasser austritt.

2

Für das Coleslaw-Dressing Mayonnaise, Sahne und 1 ½ EL Essig verrühren und mit Salz, Pfeffer und 1 Spritzer Zitronensaft würzen. Das Dressing mit der Gemüse-Kohl-Mischung vermengen und den Coleslaw zugedeckt im Kühlschrank ca. 2 Std. ziehen lassen.

3

Für die Nuggets das Hähnchenfleisch in 4–5 cm große Stücke schneiden, salzen und pfeffern. Nacho-Chips im Blitzhacker nicht zu fein zerkleinern (s. Tipp) und in einen tiefen Teller geben. Die Eier in einem zweiten Teller verquirlen, leicht salzen und pfeffern. Das Mehl in einem dritten Teller mit der Chili-Gewürzmischung mischen.

4

Die Hähnchenstücke erst im Mehl wenden, dabei überschüssiges Mehl abklopfen, dann die Stücke im Ei wenden und zuletzt in den Bröseln, dabei diese gut andrücken. Stücke in den Frittierkorb legen und leicht mit Öl besprühen. Airfryer auf 200° einstellen, ggf. vorheizen. Die Nuggets darin in ca. 10–15 Min. knusprig braun frittieren.

5

Währenddessen das beiseitegelegte Selleriegrün fein hacken und unter den Coleslaw mischen. Salat nochmals mit Salz, Pfeffer und evtl. Essig und Zitronensaft abschmecken. Die fertigen Nuggets aus dem Airfryer nehmen und zum Coleslaw servieren.

Tipp Kein Blitzhacker im Küchenschrank? Dann die Nachos einfach in einen Gefrierbeutel geben, diesen verschließen und die Chips darin mit dem Teigroller oder einem anderen schweren Gegenstand zerbröseln.

tex-mex-hex-hex tex-mex-hex-hex tex-mex-hex-hex

Karaage mit Crash-Gurken

Für 2 Personen

15 Min. Zubereitung
1 Std. Marinieren
20 Min. Frittieren

Pro Portion ca. 465 kcal

30 g frischer Ingwer

1 große Knoblauchzehe

1 ½ TL Zucker

1 EL Sake (ersatzweise trockener Sherry)

5 EL Sojasauce

3 TL geröstetes Sesamöl

250 g entbeinte Hähnchenkeulen mit Haut

1 Bio-Salatgurke

Salz

2 EL Reisessig

Pfeffer

3 EL Mehl

3 EL Speisestärke

Öl zum Besprühen

¼ TL Chiliflocken (nach Belieben)

(japanische) Mayonnaise zum Servieren (nach Belieben)

1

Ingwer und Knoblauch schälen und winzig fein würfeln oder fein reiben. Jeweils die Hälfte davon mit ¾ TL Zucker, Sake, 3 EL Sojasauce und 1 TL Sesamöl in einer Schüssel verrühren. Das Hähnchenfleisch in größere Stücke (ca. 4 × 6 cm) schneiden und mit der Marinade mischen. Zugedeckt 30–60 Min. in den Kühlschrank stellen.

2

Inzwischen die Gurke waschen, Enden wegschneiden. Gurke auf ein Küchenbrett legen und mit einem Teigroller oder Fleischklopfer mit festen Schlägen der gesamten Länge nach aufschlagen – die Gurke platzt so entlang einer »Naht« auf. Mit dieser aufgesprungenen Linie nach oben hinlegen und nochmals wie beschrieben eine Linie schlagen. Die Gurke teilt sich so in vier Streifen – falls nicht, Gurke noch mal drehen und klopfen. Anschließend die Gurke mit dem Messer in kleine Stücke schneiden, dabei den ganzen »Kernglibber« entfernen.

3

Restlichen zerkleinerten Knoblauch und Ingwer, übrigen Zucker (¾ TL) und ½ TL Salz in ein Schälchen geben und mit restlicher Sojasauce (2 EL) und dem Reisessig verrühren, dann das übrige Sesamöl (2 TL) unterrühren. Die Gurkenstückchen mit dem Dressing mischen und 5–10 Min. ziehen lassen.

4

Die Hähnchenstücke aus der Marinade nehmen und abtropfen lassen. Stücke flach auslegen, salzen und pfeffern. Mehl in einen tiefen Teller, Stärke in einen zweiten Teller geben. Die Hähnchenstücke erst im Mehl, dann in der Stärke wenden, dabei beides immer gut abschütteln. Den Frittierkorb mit Öl besprühen, die Hähnchenstücke nebeneinander hineinlegen und mit Öl besprühen. Airfryer auf 195° einstellen, ggf. vorheizen. Die Hähnchenstücke darin ca. 10 Min. garen, wenden, evtl. erneut mit Öl besprühen und weitere 5–10 Min. garen, dabei gegen Ende noch ein- bis dreimal wenden, damit die Stücke ringsum knusprig braun werden.

5

Währenddessen den Gurkensalat mit Salz und evtl. nochmals Essig abschmecken. Wer will, würzt zusätzlich noch mit Chiliflocken. Hähnchen aus dem Airfryer nehmen, auf Küchenpapier geben und abtropfen lassen. Nach Wunsch Mayonnaise zum Dippen in Schälchen füllen und mit dem Gurkensalat zu den Hähnchen servieren.

Buttermilk-Chicken

Für 2 Personen

15 Min. Zubereitung
mind. 5 Std. Marinieren
25 Min. Frittieren

Pro Portion ca. 705 kcal

250 ml Buttermilch

1 TL getr. Oregano

1 ½ TL italienische Kräuter

1 ½ EL edelsüßes Paprikapulver

knapp ½ TL Chilipulver

grob gemahlener Pfeffer

Salz

4 Hähnchenunterkeulen (»Drumsticks«, ca. 500 g)

1 Ei (M)

1 Knoblauchzehe

100 g Mehl

30 g Speisestärke

½ TL Backpulver

Öl zum Bepinseln oder Besprühen

Barbecuesauce zum Dippen

1

Buttermilch in eine verschließbare Schüssel oder Gefrierbox geben. Oregano und italienische Kräuter zwischen den Fingern fein zerbröseln, mit Paprika- und Chilipulver und 1 TL Pfeffer mischen. Die Hälfte der Gewürzmischung und 1 EL Salz mit der Buttermilch verrühren. Die Drumsticks darin einlegen, sodass sie gut bedeckt sind. Restliche Gewürzmischung in ein verschließbares Glas geben und beiseitestellen. Schüssel verschließen und die Hähnchenteile mindestens 5 Std. oder über Nacht im Kühlschrank marinieren.

2

Dann die Drumsticks aus der Marinade nehmen und gut abtropfen lassen. Die Marinade auffangen. Das Ei in die Marinade geben und gründlich damit verquirlen. Knoblauch schälen, dazupressen und unterrühren. Mehl, Stärke, Backpulver, ¾ TL Salz und beiseitegestellte Gewürzmischung in einer Schüssel mischen. 5 EL Marinade ins Mehl träufeln und mit den Fingern einkneten: So entstehen kleine Klümpchen, die später mehr »Knusper« in die Kruste bringen.

3

Hähnchenteile und evtl. abgetropfte Marinade wieder zur übrigen Marinade geben und die Keulen noch mal gut darin wenden. Kurz abtropfen lassen und dann in der Mehlmischung wenden, dabei möglichst viel von der Mehlmischung mit Bröseln an die Keulen andrücken, damit die Kruste schön knusprig wird.

4

Den Frittierkorb gut einölen. Airfryer auf 180° einstellen, ggf. vorheizen. Die Drumsticks ringsum gründlich mit Öl einsprühen oder mit einem Pinsel vorsichtig mit Öl betupfen, dann mit Abstand zueinander in den Korb einlegen. Im Airfryer ca. 10 Min. frittieren, dabei evtl. einmal prüfen, ob die Teile genügend eingeölt sind – sollten noch Stellen mehlig sein, diese mit Öl besprühen oder betupfen. Hähnchenteile nach 10 Min. wenden und in weiteren 15 Min. knusprig braun frittieren. Sofort mit Barbecuesauce servieren.

Tipp Brust oder Keule? Wer möchte, kann auch andere Hähnchenteile verwenden: Brust oder Flügel oder ausgelöste Hähnchenkeulen – aber bitte immer mit Haut daran!

Kentucky-Style – crunchy! Kentucky-Style – crunchy!

Chicken mit Chutney

Für 2 Personen

25 Min. Zubereitung
mind. 1 Std. Marinieren
30 Min. Ruhen (wenn möglich)
20 Min. Frittieren

Pro Portion ca. 580 kcal

FÜR DAS HÄHNCHEN

250 g Hähnchenbrustfilet

1 Knoblauchzehe

20 g frischer Ingwer

1 TL Tandoori-Gewürzpulver (oder Paste)

2 EL Limettensaft

75 g griechischer Joghurt (10 % Fett)

Salz | Pfeffer

FÜR DAS CHUTNEY

30 g Koriandergrün

4 Stängel Minze

1 kleine grüne Chilischote (aus dem Asienladen)

2 ½ EL Limettensaft

3 Msp. gemahlener Kreuzkümmel

Zucker | Salz

1

Das Hähnchenfleisch in ca. vier gleich große und dicke Streifen schneiden. Knoblauch und Ingwer schälen und fein hacken oder noch besser fein reiben. Mit Tandoori-Gewürz, Limettensaft und Joghurt in einer kleinen Schüssel mischen, mit knapp ½ TL Salz und Pfeffer würzen. Das Hähnchenfleisch gründlich damit mischen und zugedeckt mindestens 1 Std. (noch besser über Nacht) marinieren.

2

Für das Chutney Koriandergrün und Minze waschen und trocken schütteln. Von der Minze Blättchen abzupfen, das Koriandergrün mit den Stängeln grob zerschneiden. Chilischote waschen und putzen, dann die Schote mitsamt den Kernen in Ringe schneiden. Mit den Kräutern, Limettensaft, Kreuzkümmel, ¼ TL Zucker und 1 Prise Salz fein pürieren, am besten im Blitzhacker, dabei gerade so viel kaltes Wasser dazugeben, dass eine dickflüssige Sauce entsteht. Das Chutney möglichst noch 30 Min. zugedeckt ziehen lassen.

3

Naanbrote nach Packungsanweisung im Toaster aufbacken oder ringsum leicht mit Wasser anfeuchten und bei 200° im Airfryer ca. 2 Min. aufbacken (ohne Vorheizen). Anschließend das Fleisch aus der Schüssel nehmen und die Marinade noch mal gleichmäßig darauf verteilen. Den Frittierkorb mit Öl bepinseln, das Fleisch hineinlegen und mit Öl besprühen oder vorsichtig bepinseln. Airfryer auf 190° einstellen, ggf. vorheizen. Das Hähnchenfleisch darin ca. 10 Min. frittieren, dann wenden, evtl. erneut mit wenig Öl bepinseln oder besprühen und in 5–10 Min. fertig garen.

4

Inzwischen den Salat in Blätter teilen, putzen, waschen und trocken schleudern. Die Blätter in ca. 1 cm breite Streifen schneiden. Möhre schälen und auf der Rohkostreibe grob raspeln. Beides mischen. Joghurt mit etwas kaltem Wasser verdünnen, salzen und pfeffern.

5

Das fertige Hähnchenfleisch aus dem Airfryer nehmen, kurz ruhen lassen, dann in mundgerechte Stücke schneiden.

6

Die Salatmischung auf Teller verteilen, den Joghurt darüberträufeln. Das Fleisch darauf verteilen und alles mit dem Chutney beträufeln. Mit dem Naanbrot servieren. Oder Salat, Fleisch und Chutney auf die Naanbrote packen und die Fladen zusammenklappen – bestes Indian-Streetfood!

AUSSERDEM

2 Naanbrote zum Aufbacken (Fertigprodukt)

Öl zum Bepinseln

1 Mini-Romanasalat

1 dicke Möhre

125 g griechischer Joghurt (10 % Fett)

Hot Korean Chicken Wings

Für 2 Personen

25 Min. Zubereitung
20 Min. Frittieren

Pro Portion ca. 610 kcal

500 g Hähnchenflügel (Chicken Wings)

1 EL Öl zum Braten

Salz | Pfeffer

1 TL Backpulver

1 EL heller Sesam

2 Frühlingszwiebeln

1 Knoblauchzehe

2 EL Gochujang-Paste (koreanische Chilipaste, aus dem Asienladen)

2 EL Sojasauce

1 EL Weißweinessig

2 EL Zucker

1

Die Hähnchenflügel in zwei Stücke teilen. Dazu jeden Flügel so halten, dass er wie ein »V« aufrecht steht. Dann den Flügel in der Mitte mit einem Messer bis zum Gelenk einschneiden. Mit beiden Händen links und rechts fassen und so nach unten biegen, dass der Knochen am Gelenk durchbricht – an dieser Stelle lässt er sich dann leicht mit einem Messer oder einer Schere durchschneiden!

2

Öl mit ¼ TL Salz und Pfeffer in einer Schüssel mischen. Hähnchenflügel hineingeben und mit dem Backpulver bestreuen. Nun alles mit den Händen kräftig mischen, bis kein Backpulver mehr zu sehen ist. Flügelstücke dann möglichst nebeneinander in den Frittierkorb legen. Airfryer auf 200° einstellen, ggf. vorheizen. Hähnchenflügel darin in 15–20 Min. knusprig braun frittieren, dabei nach ca. 10 Min. einmal wenden, nach weiteren 5 Min. evtl. nochmals wenden.

3

Inzwischen den Sesam in einer Pfanne ohne Fett rösten, bis er leicht bräunt und duftet, dann herausnehmen und abkühlen lassen. Frühlingszwiebeln putzen, waschen und mit dem Grün schräg in Ringe schneiden. Knoblauch schälen und in einen Topf pressen. Gochujang-Paste, Sojasauce, Essig, Zucker und 4–5 EL Wasser dazugeben und alles gründlich verrühren. Mischung erhitzen und 1–3 Min. leicht köcheln lassen, bis die Sauce schön dickflüssig ist. Falls nötig, noch etwas Wasser dazugeben und die Sauce warm halten.

4

Die fertigen Hähnchenflügel aus dem Airfryer nehmen und sofort mit der Sauce und einem Großteil der Frühlingszwiebelringe mischen. Die Hähnchenflügel mit übrigen Frühlingszwiebelringen und Sesam bestreuen und am besten auf Reis servieren.

Souvlaki mit Zaziki

Für 2 Personen

25 Min. Zubereitung
2 Std. 20 Min. Marinieren
12 Min. Frittieren

Pro Portion ca. 460 kcal

FÜR DAS SOUVLAKI

250 g Hähnchenbrustfilet

1 Knoblauchzehe

2 EL Olivenöl zum Braten

½ TL edelsüßes Paprikapulver

¼ TL gemahlener Kreuzkümmel

¼ TL getr. Oregano

Salz | Pfeffer

FÜR DAS ZAZIKI

1 Mini-Salatgurke | Salz

200 g griechischer Joghurt (10 % Fett) | ½ EL Weißweinessig

2 EL Olivenöl

1 Knoblauchzehe | Pfeffer

3 Stängel Dill

AUSSERDEM

2–4 Metallspieße

Grilleinsatz (falls vorhanden)

1

Für das Souvlaki das Hähnchenfleisch in mundgerechte Stücke schneiden. Knoblauch schälen und in eine Schüssel pressen. Mit Öl, Paprikapulver, Kreuzkümmel, Oregano, ½ TL Salz und Pfeffer verrühren. Das Hähnchenfleisch gründlich untermischen und zugedeckt ca. 2 Std. im Kühlschrank ziehen lassen.

2

Für das Zaziki die Gurke waschen, putzen und auf der Gemüsereibe grob raspeln. Die Gurkenraspel mit 1–2 Prisen Salz in einem Sieb mischen und 15 Min. über eine Schüssel hängen. Anschließend die Raspel gut mit den Händen auspressen.

3

Joghurt, Essig und Olivenöl verrühren. Den Knoblauch schälen und dazupressen. Joghurtmischung mit Salz und Pfeffer würzen. Dill waschen und trocken schütteln, Spitzen abzupfen, grob hacken und mit den ausgedrückten Gurkenraspeln unterrühren. Zaziki vor dem Servieren möglichst noch 15–20 Min. zugedeckt im Kühlschrank durchziehen lassen.

4

Das Hähnchenfleisch auf 2–4 passende Spieße stecken, dabei überschüssige Marinade auffangen. Den Airfryer auf 200° einstellen und einen Grilleinsatz (ersatzweise den Frittierkorb) darin ca. 2 Min. mit erhitzen. Dann die Spieße auf den heißen Einsatz oder in den Frittierkorb legen und 10–12 Min. grillen, dabei nach der Hälfte der Zeit wenden und evtl. mit Marinade oder etwas Öl bepinseln. Die fertigen Souvlaki mit Zaziki und z. B. Fladenbrot servieren.

Urlaubsfeeling garantiert Urlaubsfeeling

Schnitzel mit Kartoffelsalat

Für 2 Personen

15 Min. Zubereitung
25 Min. + 13 Min. Frittieren

Pro Portion ca. 910 kcal

FÜR DEN SALAT

500 g kleine, dünnhäutige Kartoffeln (Drillinge)

1 ½ EL Olivenöl zum Braten

Salz | Pfeffer

75 g saure Sahne

2 EL Mayonnaise (aus dem Glas)

2 EL Zitronensaft

1 kleines Bund Schnittlauch

FÜR DIE SCHNITZEL

50 g Butterschmalz

2 dünne Kalbsschnitzel (aus der Oberschale, à ca. 100 g)

Salz | Pfeffer

1 Ei (M)

2 EL Mehl

80 g Semmelbrösel

1

Für den Salat die Kartoffeln gründlich waschen und je nach Größe halbieren oder dritteln. Kartoffeln mit dem Olivenöl mischen, salzen, pfeffern und in den Frittierkorb geben. Den Airfryer auf 200° einstellen, ggf. vorheizen. Die Kartoffeln darin ca. 15 Min. braten, dann durchrütteln und weitere 5–10 Min. bei 160° garen. Herausnehmen und etwas abkühlen lassen.

2

Inzwischen saure Sahne und Mayonnaise glatt verrühren und mit Salz, Pfeffer und 1–2 EL Zitronensaft abschmecken. Den Schnittlauch waschen und trocken schütteln. Schnittlauch in Röllchen schneiden und bis auf einen kleinen Rest unter das Mayo-Dressing mischen.

3

Für die Schnitzel das Butterschmalz in ein hitzebeständiges Schälchen geben und bei 180° im Airfryer (ohne Vorheizen) schmelzen. Die Schnitzel leicht salzen und pfeffern. Das Ei in einem tiefen Teller leicht verquirlen und leicht salzen und pfeffern. Das Mehl in einem zweiten Teller verteilen, die Semmelbrösel in einem dritten.

4

Die Schnitzel im Mehl wenden, überschüssiges Mehl abklopfen. Dann die Schnitzel durch das Ei ziehen, abtropfen lassen und zuletzt das Fleisch in den Bröseln wenden, diese leicht andrücken. Schnitzel beidseitig mit einem Backpinsel mit Butterschmalz betupfen. Den Airfryer auf 190° einstellen, ggf. vorheizen. Schnitzel nebeneinander in den Frittierkorb geben und in 10–13 Min. goldbraun braten.

5

Die Kartoffeln mit dem Dressing mischen und mit dem restlichen Schnittlauch bestreuen. Die Schnitzel aus dem Airfryer nehmen und mit dem Kartoffelsalat servieren.

Klassiker zum Niederknien
Klassiker zum Niederknien

Fleisch süssauer

Für 2 Personen

35 Min. Zubereitung
18 Min. Frittieren

Pro Portion ca. 720 kcal

250 g Schweinefleisch (aus der Schulter)

2 ½ EL Sojasauce

1 EL Öl zum Braten (+ Öl zum Besprühen)

Salz | Pfeffer

3 EL Cashewkerne

1 rote Paprika

2 Stangen Staudensellerie

1 kleine Dose Ananas in Scheiben (ungezuckert, Füllgewicht ca. 240 g)

1 kleine Zwiebel

3 EL Reis- oder Weißweinessig

1 TL Zucker

2 EL Ketchup

1 TL Speisestärke

1 Ei (S)

60 g Panko-Paniermehl (ersatzweise Semmelbrösel)

1

Das Fleisch trocken tupfen und in ca. 2,5 cm große Würfel schneiden. Das Fleisch mit ½ EL Sojasauce, 1 EL Öl sowie ¼ TL Salz und Pfeffer mischen und zugedeckt ruhen lassen.

2

Den Airfryer auf 150° einstellen (ohne Vorheizen). Die Cashewkerne in den Frittierkorb geben und in 12–15 Min. braun rösten, anschließend herausnehmen und beiseitelegen.

3

Inzwischen Paprika waschen und halbieren, weiße Trennwände und Kerne entfernen. Die Hälften in ca. 2 cm große Stücke schneiden. Sellerie putzen, waschen und die Stangen schräg in dünne Scheiben schneiden. Ananas in ein Sieb abgießen, dabei den Saft auffangen. Ananas abtropfen lassen und in mundgerechte Stücke schneiden. Zwiebel schälen und in dünne Spalten schneiden.

4

Übrige Sojasauce (2 EL), Essig, Zucker und Ketchup mit 150 ml Ananassaft verrühren. Die Stärke mit 3 EL kaltem Wasser glatt verrühren.

5

Das Ei verquirlen, 2 EL davon mit dem Schweinefleisch mischen. Panko-Paniermehl in einen tiefen Teller geben, das Fleisch darin wenden, dabei die Brösel gut andrücken. Den Frittierkorb mit Öl besprühen, Fleischstücke ebenfalls mit Öl besprühen und einlegen. Airfryer auf 190° einstellen, ggf. vorheizen. Das Fleisch darin 15–18 Min. frittieren, dabei einmal wenden.

6

Inzwischen 2 EL Öl in einer beschichteten Pfanne stark erhitzen. Gemüse und Zwiebeln darin 1–2 Min. unter Rühren braten, dann die Ananassauce dazugießen. Alles bei mittlerer Hitze 7–8 Min. garen, dabei gegen Ende die Stärke unterrühren und köcheln lassen, bis die Sauce andickt. Dann die Ananasstücke unterrühren.

7

Das gegarte Schweinefleisch aus dem Airfryer nehmen und mit Gemüse und Sauce mischen. Die gerösteten Cashewkerne darüberstreuen und alles am besten zu Reis servieren.

Knuspriger Schweinebauch

Für 4 Personen

15 Min. Zubereitung
20 Min. Garen
24 Std. Trocknen (falls möglich)

Pro Portion ca. 795 kcal

FÜR DEN SCHWEINEBAUCH

1,2 kg Schweinebauch mit Schwarte (ohne Knochen)

2 EL trockener Sherry (ersatzweise Wasser)

½ chinesisches Fünf-Gewürze-Pulver (aus dem Asienladen)

Salz | Pfeffer

Zucker

1 EL Weißweinessig

200 g grobes Meersalz

1

Den Schweinebauch kalt abwaschen und trocken tupfen. Die Schwarte mit einem spitzen Messer einstechen oder karoförmig einritzen – so wird die Schwarte später schön knusprig. Achtung: Nicht zu tief in das Fleisch stechen oder schneiden!

2

Den Sherry mit dem Fünf-Gewürze-Pulver, 1 ½ EL Salz, ½ TL Pfeffer und 1 EL Zucker zu einer Marinade mischen. Nun auch das Schweinebauchfleisch unten gitterförmig mit 4–5 cm Abstand einschneiden, etwa 5–8 mm tief. Die Marinade in den Einschnitten und auf dem Fleisch verteilen und leicht einmassieren.

3

Wenn genug Zeit ist, das Fleisch mit der Schwarte nach oben in eine Schale legen und im Kühlschrank offen 12–24 Std. trocknen lassen. Am nächsten Tag die Schwarte oben abwischen.

4

Zum Garen ein großes Stück Alufolie wie einen Rahmen rings um den Schweinebauch – Schwarte nach oben – legen, sodass das Fleisch an den Rändern dicht eingepackt ist, der Rahmen aber 2 cm über der Schwarte übersteht. Schwarte mit Essig bepinseln, dann das Meersalz gleichmäßig darauf verteilen, dabei aufpassen, dass es nicht am Rand zwischen Alufolie und Fleisch herunterfällt. Schweinebauch so in den Frittierkorb legen. Airfryer auf 120° einstellen. Fleisch darin 30–40 Min. garen, dabei zwischendurch kontrollieren, ob die Schwarte am Rand bereits bräunt. Das Salz sollte fester werden, da es Wasser aus der Schwarte zieht.

5

Fleisch herausnehmen. Alles Salz entfernen und Schwarte mit einem Küchenpapier sauber reiben. Das Fleisch wieder in einen Rahmen aus Alufolie wickeln und in den Frittierkorb legen. Temperatur auf 190° erhöhen und den Schweinebauch weitere 20–30 Min. garen. Die Kruste poppt nun auf und wird knusprig, dabei zwischendurch

Tipp Es lohnt sich, hier ein großes Stück Fleisch zu braten. Es bleibt unter der Knusperkruste schön saftig. Für einen Dip 60 g Hoisin-Sauce mit 2 EL Weißweinessig glatt rühren. 15 g frisch geriebenen Ingwer und feine Ringe von 2 Frühlingszwiebeln unterrühren bzw. darüberstreuen.

immer mal wieder kontrollieren, dass sie nicht zu schnell bräunt und schwarz wird – in dem Fall Temperatur etwas nach unten regeln.

6

Sobald die Kruste schön braun und knusprig hart ist, das Fleisch herausnehmen. Kurz ruhen lassen, dann in mundgerechte Stücke schneiden und auf einer Platte anrichten.

Steak-Fajitas mit Paprika

Für 2 Personen

20 Min. Zubereitung
14 Min. Frittieren

Pro Portion ca. 650 kcal

1 Orange

1 Limette

1 ½ EL Sojasauce

1 TL (brauner) Zucker

2 Knoblauchzehen

1 ½ EL Olivenöl zum Braten

½ TL gemahlener Kreuzkümmel

¼ TL getr. Oregano

knapp ½ TL geräuchertes Chilipulver

Pfeffer

3 kleine Paprika (gelb, grün und rot oder nur eine Sorte)

1 rote Zwiebel

Salz

1 Rumpsteak (ca. 300 g; ca. 2 cm dick)

½ Bund Koriandergrün

4 kleinere Tortillafladen (oder 2 große)

1

Den Saft von Orange und Limette auspressen und mit Sojasauce und Zucker verrühren, bis sich dieser aufgelöst hat. Knoblauch schälen und dazupressen. Die Hälfte des Öls, Kreuzkümmel, Oregano und Chili dazugeben, alles kräftig pfeffern und kurz ziehen lassen.

2

Paprika waschen und halbieren, weiße Trennwände und Kerne entfernen. Die Hälften in ca. 1 cm breite Streifen schneiden. Zwiebel schälen und längs in ca. 1 cm breite Spalten schneiden. Paprikastreifen und Zwiebelspalten in einer Schüssel mit übrigem Öl mischen, salzen und leicht pfeffern. Das Rumpsteak trocken tupfen.

3

Den Airfryer auf 200° einstellen. Falls vorhanden, einen Grilleinsatz (ersatzweise den Frittierkorb) 2–3 Min. darin mit vorheizen. Die Paprika-Zwiebel-Mischung auf den heißen Einsatz oder in den Frittierkorb geben und ca. 2 Min. grillen. Dann das Gemüse auf eine Seite schieben, das Steak auf der anderen Seite einlegen und alles weitere 8–9 Min. grillen. Das Steak ist dann innen noch blutig (rare); wer es durch haben möchte, sollte es weitere 2 Min. grillen. Die Paprika-Zwiebel-Mischung dann aber auf jeden Fall früher herausnehmen und bereits vorher kurz kontrollieren: Sie sollte leicht gebräunt, darf aber keinesfalls matschig sein.

4

Inzwischen Koriandergrün waschen und trocken schütteln, Blättchen abzupfen und grob zerschneiden. Die Würzsauce in einer kleinen Pfanne zum Kochen bringen und bei mittlerer bis großer Hitze kräftig einkochen lassen. Paprika-Zwiebel-Mischung hineingeben und kurz bei mittlerer Hitze kochen lassen, bis alles von einer dicklichen Sauce überzogen ist. Die Hälfte Koriandergrün unterrühren.

5

Das fertige Steak – evtl. im Airfryer im Warmhaltemodus – noch ca. 3 Min. ruhen lassen. Währenddessen die Tortillas nach Packungsanweisung in einer Pfanne oder im Airfryer erwärmen. Das Steak in Streifen schneiden. Paprikagemüse auf die Tortillas geben und die Steakstreifen darauf verteilen. Wer möchte, träufelt noch etwas Sour Cream darauf. Alles mit übrigem Koriandergrün bestreuen.

AUSSERDEM

Grilleinsatz (falls vorhanden)

Sour Cream zum Beträufeln (nach Belieben; ersatzweise saure Sahne)

Burger mit Röstzwiebeln

Für 2 Personen

35 Min. Zubereitung
10 Min. Frittieren

Pro Portion ca. 700 kcal

2 große Zwiebeln

3 EL Mehl

¾ TL Knoblauchpulver

¼ TL edelsüßes Paprikapulver

Olivenöl zum Besprühen

Salz

250 g Rinderhackfleisch

Pfeffer

2 Burger-Buns (Brötchen)

2 Scheiben Cheddar (ca. 50 g)

2 große Lollo-bionda-Salatblätter

1 Tomate

3 EL Mayonnaise

Ketchup nach Belieben

AUSSERDEM

Grilleinsatz (falls vorhanden)

1

Die Zwiebeln schälen, quer halbieren und in Halbringe schneiden. Mehl, Knoblauch- und Paprikapulver in einen Gefrierbeutel geben, die Zwiebeln dazugeben und gründlich untermischen. Zwiebeln dann in ein Sieb geben, überschüssiges Mehl abschütteln. Anschließend die Zwiebeln im Frittierkorb verteilen und mit Öl besprühen.

2

Den Airfryer auf 180° einstellen, ggf. vorheizen. Die Zwiebeln darin ca. 10 Min. frittieren, dann durchschütteln, Temperatur auf 160° reduzieren und die Zwiebeln weitere 5 Min. frittieren. Herausnehmen, auf Küchenpapier geben und salzen.

3

Inzwischen Hackfleisch salzen, pfeffern und zu Patties in Brötchengröße formen (in der Burgerpresse oder von Hand). Airfryer auf 200° einstellen. Burger-Buns außen leicht mit Wasser anfeuchten, in den Frittierkorb legen (auch bereits halbierte geschlossen einlegen) und ca. 2 Min. rösten, herausnehmen.

4

Falls vorhanden, einen Grilleinsatz (ersatzweise den Frittierkorb) ca. 2 Min. bei 200° erhitzen. Die Fleischpatties auf den heißen Einsatz oder in den Frittierkorb geben und 5–7 Min. garen – dann ist das Fleisch medium; wer es eher durchgegart haben will, sollte die Patties 8–10 Min. garen, auf jeden Fall nach der Hälfte der Zeit wenden. Dann je 1 Käsescheibe auflegen, Temperatur auf 150° reduzieren und die Patties noch knapp 1 Min. braten – besser kurz kontrollieren. Die Patties herausnehmen.

5

Während die Patties im Airfryer garen, die Salatblätter waschen und trocken tupfen. Die Tomate waschen und in Scheiben schneiden.

Tipp Für viele Airfryer gibt es Grilleinsätze aus Gusseisen oder ähnlichen Materialien, die extrem gut Hitze speichern und weiterleiten – perfekt zum knackigen Anbraten von Fleisch!

6

Die unteren Brötchenhälften mit Mayonnaise bestreichen und je 1 Salatblatt auflegen. Die obere Brötchenhälften nach Wunsch mit Ketchup bestreichen. Die Fleischpatties mit dem geschmolzenen Käse auf den Salat legen und üppig mit Zwiebeln belegen, darauf die Tomatenscheiben legen. Burger jeweils mit der oberen Brötchenhälfte bedecken, evtl. mit Zahnstochern fixieren und servieren.

Köfte mit Paprikabutter

Für 2 Personen

25 Min. Zubereitung
mind. 4 Std. Ruhen
14 Min. Frittieren

Pro Portion ca. 865 kcal

450 g Lammhackfleisch (ersatzweise Rinderhackfleisch)

1 Ei (S)

3 EL Semmelbrösel

1 kleine Zwiebel

2 Knoblauchzehen

5 Stängel Petersilie

1 ½ TL edelsüßes Paprikapulver

¾ TL gemahlener Kreuzkümmel

½ TL Zimtpulver

3 Msp. Chilipulver

Salz | Pfeffer

1 gestr. TL Backpulver

Olivenöl zum Braten

2 Stängel Minze

25 g Butter

200 g türkischer oder griechischer Joghurt (10 % Fett)

1

Das Hackfleisch mit Ei und Semmelbröseln in eine Schüssel geben, Zwiebel und 1 Knoblauchzehe schälen und auf einer Rohkostreibe fein zum Hack reiben. Petersilie waschen und trocken schütteln, Blättchen abzupfen, fein zerschneiden und mit der Hälfte vom Paprikapulver und den gesamten übrigen Gewürzen ebenfalls zum Hack geben. Mit 1 knappen TL Salz und reichlich Pfeffer würzen. Backpulver darüberstreuen und alles kräftig mit den Händen gut zu einer glatten Masse verkneten. Das Hackfleisch in der Schüssel zu einer Kugel formen, die Schüssel verschließen und im Kühlschrank mindestens 3–4 Std. oder am besten über Nacht ziehen lassen.

2

Nach der Ziehzeit die Hackmasse in zwölf Portionen teilen und jeweils zu ca. 8 cm langen, dicklichen Röllchen formen. Die Hackfleischröllchen rundum mit Olivenöl bepinseln.

3

Falls vorhanden, einen Grilleinsatz (ersatzweise den Frittierkorb) ca. 2 Min. im Airfryer bei 190° mit erhitzen. Die Röllchen – falls nötig, in zwei Portionen nacheinander – mit etwas Abstand zueinander zügig auf den Einsatz oder in den Frittierkorb legen. Köfte im Airfryer ca. 6 Min. garen, dann wenden und in 6–8 Min. fertig garen.

4

Inzwischen die Minze waschen und trocken schütteln, die Blättchen abzupfen und grob zerzupfen. Die restliche Knoblauchzehe schälen und halbieren. Die Butter mit dem Knoblauch in einer kleinen Pfanne bei kleiner Hitze schmelzen und bis kurz vor Garzeitende der Köfte warm halten. Dann die Knoblauchhälften herausfischen. Übriges edelsüßes Paprikapulver in die Butter geben. Butter bei mittlerer Hitze einmal aufschäumen lassen, dann vom Herd nehmen.

Tipp Serviere die Köfte am besten mit Fladenbrot, dazu passen außerdem Gurken- und Tomatenscheiben sowie Zwiebelringe.

5

Den Joghurt auf zwei Tellern oder einer Platte verstreichen. Die heißen Köfte auf dem Joghurt verteilen und mit der Paprikabutter beträufeln. Alles mit der Minze bestreuen und nach Belieben mit frischem Gemüse garnieren (s. Tipp).

AUSSERDEM

Grilleinsatz (falls vorhanden)

So sweet!
So sweet!
So sweet!
So sweet!

Voll süß

Auch für Süßes ist der Airfryer zu haben: Donuts, Churros oder Brownies werden darin einfach schlanker. Spar dir den Weg zum Bäcker und rühr deinen Kuchen lieber mal direkt in deiner Kaffeetasse an.

Dutch Baby mit Beeren

Für 2 Personen

15 Min. Zubereitung
10 Min. Ruhen
18 Min. Backen

Pro Portion ca. 500 kcal

3 Eier (Größe L)

150 ml Milch

2 EL Zucker

½ TL Vanillearomapaste

100 g Mehl

1 EL Butter

250 g gemischte Beeren (z. B. Himbeeren, Heidel- und Brombeeren)

AUSSERDEM

Backform (20 × 20 cm oder rund)

Ahornsirup zum Beträufeln oder Puderzucker zum Bestreuen

1

Die Eier in eine Rührschüssel aufschlagen. Milch, Zucker und Vanillearomapaste dazugeben und mit den Schneebesen des Handrührgeräts verrühren, bis sich alles gut verbunden hat. Dann das Mehl esslöffelweise dazugeben und immer sofort gut unterrühren, damit sich keine Klümpchen bilden. Den Teig ca. 10 Min. stehen lassen, dann nochmals durchrühren.

2

Butter in die Backform geben. Backform in den Frittierkorb stellen und im Airfryer bei 200° 2–4 Min. mit aufheizen, bis die Butter geschmolzen ist – zwischendurch kontrollieren, dass sie nicht braun wird oder verbrennt! Den Teig direkt in die – Achtung! – glühend heiße Form gießen und sofort im Airfryer bei 200° 8–10 Min. backen. Nach 5–7 Min. kontrollieren: Geht der Teig an den Seiten zu stark auf, besteht die Gefahr, dass er an die Heizspirale oben stößt. Dann den Teig an den Seiten leicht mit einer Gabel nach unten drücken.

3

Nach 7–10 Min. sollte der Teig schön gebräunt und an den Seiten rundum aufgegangen sein. Dann die Temperatur auf 165° reduzieren und den Pfannkuchen in weiteren 5–8 Min. fertig backen, bis er in der Mitte durchgegart ist.

4

Währenddessen die Beeren vorsichtig waschen und trocken tupfen. Pfannkuchen aus dem Airfryer nehmen und sofort auf einen Teller geben. Beeren in die Mitte geben. Das Dutch Baby mit Ahornsirup zum Beträufeln servieren oder direkt mit Puderzucker überstäuben – auf jeden Fall schnell servieren!

Tipp

Schnell essen, bevor dem Dutch Baby die Luft ausgeht! Das Besondere an diesem Pfannkuchen ist, dass er rasant in die Höhe steigt. Doch die luftige Pracht sinkt nach kurzer Zeit in sich zusammen – macht nichts, es schmeckt trotzdem!

Cinnamon-Toast-Rolls

Für 8 Stück

25 Min. Zubereitung
10 Min. Backen

Pro Stück ca. 235 kcal

75 g weiche Butter

8 Scheiben Sandwich-Toast

3 EL brauner Rohrohrzucker

¾ TL Zimtpulver

3 Eier (M)

200 ml Milch

½ TL Vanilleextrakt

Salz

Öl zum Bepinseln

AUSSERDEM

Puderzucker zum Bestäuben (nach Belieben)

Ahornsirup zum Beträufeln (nach Belieben)

1

25 g Butter in ein hitzebeständiges Schälchen geben und im Airfryer (ohne Vorheizen) bei 180° in 3–5 Min. schmelzen, dabei zwischendurch ein- bis zweimal umrühren.

2

Die Sandwich-Toastscheiben übereinanderlegen und die Ränder mit einem scharfen Messer nur ganz knapp abschneiden, dabei so wenig Brot wie möglich verschwenden. Dann die Brotscheiben einzeln flach auf der Arbeitsfläche oder einem Küchenbrett auslegen und mit einer Teigrolle flacher rollen.

3

Die obere Seite der Toastscheiben jeweils vollständig mit der übrigen Butter (50 g) bestreichen. Den Rohrohrzucker mit dem Zimt mischen. Die gebutterten Toastscheiben gleichmäßig damit bestreuen. Dann die Brotscheiben halbwegs straff aufrollen und leicht festdrücken, sodass sie jeweils eine schöne Rolle bilden.

4

Eier, Milch, Vanilleextrakt und 1 Prise Salz in einer Schale verrühren, anschließend die flüssige Butter unterrühren. Die Toastrollen nacheinander durch die Eiermischung ziehen bzw. kurz darin baden – sie dürfen sich etwas damit vollsaugen. Dann die Rollen herausnehmen und dabei gut abtropfen lassen.

5

Den Frittierkorb mit Öl einpinseln. Die Rollen darin mit Abstand zueinander, »Naht« nach unten, einlegen – falls nötig, in zwei Portionen nacheinander. Airfryer auf 170° einstellen, ggf. vorheizen. Die Rollen darin in 8–10 Min. goldbraun frittieren, dabei nach etwa der Hälfte der Zeit einmal wenden. Herausnehmen, auf Teller verteilen und nach Wunsch mit Puderzucker bestäuben und oder mit Ahornsirup beträufeln. Die Cinnamon-Toast-Rolls warm genießen.

tolle Rolle
tolle Rolle
tolle Rolle
tolle Rolle
tolle Rolle

Brombeer-Apfel-Crumble

Für 2 Personen

15 Min. Zubereitung
30 Min. Backen

Pro Portion ca. 735 kcal

400 g Äpfel (z. B. Boskop)

1 EL Zitronensaft

80 g brauner Rohrohrzucker

¾ TL Zimtpulver

2 EL Rum (nach Belieben)

125 g Brombeeren

70 g kalte Butter

80 g Mehl

2 EL Haferflocken

3 EL Mandelblättchen

AUSSERDEM

Backform (20 × 20 cm)

1

Die Äpfel schälen, vierteln, das Kerngehäuse herausschneiden, dann die Viertel in Stücke schneiden oder quer in Scheiben. Sofort mit Zitronensaft mischen, damit sie nicht braun werden, dann Äpfel in die Form geben. 1 ½ EL Zucker mit ½ TL Zimt mischen, dann mit den Äpfeln mischen. Wer möchte, träufelt noch Rum darüber.

2

Airfryer auf 180° einstellen, ggf. vorheizen. Die Form mit den Apfelstückchen in den Frittierkorb stellen. Äpfel im Airfryer 10–12 Min. garen – sie dürfen schon etwas weich sein, aber noch nicht zerfallen. Inzwischen die Brombeeren in ein Sieb geben, vorsichtig waschen und gründlich abtropfen lassen.

3

Die kalte Butter in Flöckchen schneiden. Das Mehl mit übrigem Zucker (ca. 50 g) und restlichem Zimt (¼ TL) in einer Schüssel mischen. Die Butterflöckchen dazugeben und alles zwischen den Händen zu Bröseln zerreiben und verkneten, bis größere Streusel entstehen. Dann auch die Haferflocken und die Mandelblättchen unterarbeiten.

4

Die Brombeeren zu den Äpfeln in die Form geben und alles einmal gut durchrühren, anschließend die Streusel auf dem Obst verteilen. Alles weitere 10–12 Min. backen, bis die Streusel knusprig und gebräunt sind. Den fertigen Crumble herausnehmen, kurz stehen lassen und am besten warm servieren.

Tipp Der fruchtige Crumble schmeckt solo wunderbar, lässt sich aber auch gern von Vanilleeis oder einem Klecks Vanillesauce begleiten – als Dessert für 4.

4 × toller Tassenkuchen

Schokokuchen

Für 1 Kuchen | Pro Kuchen ca. 720 kcal
10 Min. Zubereitung | 15 Min. Backen

1

25 g Butter in eine Tasse geben, **30 g Zartbitterschokolade** in Stückchen zur Butter geben. Airfryer auf 180° einstellen. Die Tasse in den Frittierkorb stellen und Schokolade und Butter darin (ohne Vorheizen) in ca. 5 Min. schmelzen, dabei ein- bis zweimal durchrühren. Inzwischen **5 gestr. EL Mehl** und **½ gestr. TL Backpulver** mischen. Tasse mit Topflappen aus dem Airfryer nehmen. **2 EL Zucker** unter die Schokomischung rühren. **1 Ei (M)** und **2 EL Milch** mit einer Gabel unterschlagen, dann die Mehlmischung unterrühren. Tasse wieder in den Frittierkorb stellen und Kuchen im Airfryer 10–15 Min. backen, dann warm genießen.

Himbeer-Mandel-Kuchen

Für 1 Kuchen | Pro Kuchen ca. 630 kcal
10 Min. Zubereitung | 15 Min. Backen

1

25 g Butter in eine Tasse geben. Airfryer auf 180° einstellen. Tasse in den Frittierkorb stellen und Butter darin (ohne Vorheizen) in ca. 5 Min. schmelzen, dabei ein- bis zweimal durchrühren. Inzwischen **5 gestr. EL Mehl**, **2 EL gemahlene Mandeln**, **1 Prise Zimtpulver** und **½ gestr. TL Backpulver** mischen. **5 Himbeeren** waschen, trocken tupfen. Tasse mit Topflappen aus dem Airfryer nehmen. **2 EL Zucker** unterrühren, dann **1 Ei (M)**, **1 EL Amarettolikör** und **1 gehäuften EL Magerquark** unterrühren, zuletzt die Mehlmischung. Himbeeren in den Teig eindrücken. Tasse wieder in den Frittierkorb stellen. Kuchen im Airfryer 10–15 Min. backen, warm genießen.

Heidelbeer-Kuchen

Für 1 Kuchen | Pro Kuchen ca. 570 kcal
10 Min. Zubereitung | 15 Min. Backen

1

25 g Butter in eine Tasse geben. Airfryer auf 180° einstellen. Tasse in den Frittierkorb stellen und Butter darin (ohne Vorheizen) in ca. 5 Min. schmelzen, dabei ein- bis zweimal durchrühren. **5 gestr. EL Mehl** und **½ gestr. TL Backpulver** mischen. **10 Heidelbeeren** waschen und trocken tupfen. Tasse mit Topflappen aus dem Airfryer nehmen. **2 EL Zucker** mit der Butter verrühren. Erst **1 Ei (M)**, dann **3 EL Vanillejoghurt** mit einer Gabel unterrühren, zuletzt die Mehlmischung. Heidelbeeren in den Teig eindrücken. Tasse wieder in den Frittierkorb stellen und den Kuchen im Airfryer 10–15 Min. backen, warm genießen.

quick and easy quick and easy quick and easy quick and easy quick and easy

Mohn-Zitronen-Kuchen

Für 1 Kuchen | Pro Kuchen ca. 615 kcal
10 Min. Zubereitung | 15 Min. Backen

1

25 g Butter in eine Tasse geben. Airfryer auf 180° einstellen. Tasse in den Frittierkorb stellen und Butter darin (ohne Vorheizen) in ca. 5 Min. schmelzen, dabei ein- bis zweimal durchrühren. **½ Bio-Zitrone** waschen, abtrocknen. Schale abreiben, Saft auspressen. Zitronenschale, **5 gestr. EL Mehl**, **½ gestr. TL Backpulver** und **1 gehäuften EL gemahlenen Mohn** mischen. Tasse mit Topflappen aus dem Airfryer nehmen. **2 ½ EL Zucker** unter die Butter rühren. **1 Ei (M)**, **2 EL Milch** und 1 TL Zitronensaft mit einer Gabel unterschlagen, zuletzt die Mehlmischung. Tasse wieder in den Frittierkorb stellen und den Kuchen im Airfryer 10–15 Min. backen, warm genießen.

Schoko-Lava-Kuchen

Für 2 Stück

15 Min. Zubereitung
12 Min. Backen

Pro Stück ca. 520 kcal

50 g Zartbitterschokolade

40 g Butter (+ Butter für die Förmchen)

50 g Zucker (+ Zucker für die Förmchen)

1 Ei (M)

1 Eigelb

Salz

1 gehäufter EL Mehl (ca. 20 g)

2 Kugeln Vanille- oder Salz-Karamell-Eis zum Servieren (nach Belieben)

AUSSERDEM

2 Förmchen (à ca. 150 ml)

1

Die Schokolade hacken, die Butter in Stücke schneiden. Beides zusammen in ein hitzebeständiges Schälchen geben. Airfryer auf 180° einstellen (ohne Vorheizen). Die Schoko-Butter-Mischung darin in 3–5 Min. schmelzen, dabei zwischendurch ein- bis zweimal durchrühren, anschließend lauwarm abkühlen lassen.

2

Inzwischen die Förmchen mit Butter fetten und mit etwas Zucker ausstreuen, überschüssigen Zucker herausschütteln. Ei und Eigelb in einen hohen Rührbecher geben und mit den Schneebesen des Handrührgeräts schaumig rühren, dann die 50 g Zucker und 1 Prise Salz nach und nach dazugeben und alles cremig aufschlagen, bis das Ganze heller und fluffig dick wird.

3

Die lauwarm abgekühlte Schoko-Butter-Masse zur Eiercreme geben und langsam und gründlich unterheben. Dann das Mehl unterheben. Die Teigmasse in die vorbereiteten Förmchen füllen.

4

Airfryer auf 180° einstellen, ggf. vorheizen. Die Förmchen in den Frittierkorb stellen und die Kuchen im Airfryer 10–12 Min. backen. Sie sollten ca. 1 cm hoch aufgehen und außen fest, innen aber noch flüssig sein. Fertige Kuchen herausnehmen, vorsichtig aus den Förmchen lösen und auf einen Teller stürzen. Jeweils nach Wunsch noch 1 Kugel Eis dazugeben und den Kuchen sofort servieren.

Marshmallow-Brownies

Für 12 Stücke

15 Min. Zubereitung
30 Min. Backen

Pro Stück ca. 340 kcal

180 g Butter (+ Butter für die Form)

180 g Zartbitterschokolade

100 g Mehl

2 EL Kakaopulver

3 Eier (L)

Salz

200 g Zucker

50 g Mini-Marshmallows

AUSSERDEM

Backform (20 × 20 cm)

1

Die Backform mit Butter ausfetten. Die 180 g Butter in Stücke schneiden. Die Zartbitterschokolade in Stücke brechen. Beides zusammen in ein hitzebeständiges Schälchen geben und im Airfryer bei 180° (ohne Vorheizen) in 3–5 Min. schmelzen, dabei zwischendurch ein- bis zweimal durchrühren.

2

Mehl und Kakaopulver mischen. Eier mit 1 Prise Salz in einer Rührschüssel mit den Schneebesen des Handrührgeräts dick und hell-cremig rühren, dabei nach und nach den Zucker dazugeben. Die geschmolzene Schokoladenbutter unter die Eiermasse rühren. Mehl-Kakao-Mischung und die Marshmallows (ein paar zurückbehalten) dazugeben und zügig mit einem Teigspatel unterrühren.

3

Den Teig in die Backform füllen, übrige Marshmallows aufstreuen und leicht eindrücken. Die Form in den Frittierkorb stellen. Den Airfryer auf 165° einstellen, ggf. vorheizen. Den Brownies-Teig im Airfryer 35–40 Min. backen. Herausnehmen, in der Form abkühlen lassen, dann in zwölf gleich große Stücke schneiden. Wer möchte, kann den gebackenen Teig auch bereits lauwarm in Brownies schneiden und diese sofort genießen, z. B. mit 1 Kugel Vanilleeis.

Donuts mit Schokoguss

Für 4 Stück

50 Min. Zubereitung
2 Std. 15 Min. Gehen
10 Min. Backen

Pro Stück ca. 600 kcal

FÜR DIE DONUTS

65 g Butter

120 ml Milch

½ Tütchen Trockenhefe (ca. 3,5 g)

2 EL Zucker

250 g Mehl (+ Mehl zum Arbeiten)

Salz | 1 Ei (M)

FÜR DIE GLASUR

25 g Butter

100 g Zartbitterschokolade

2 TL Ahornsirup

Schokoplättchen, Zuckerstreusel oder -perlen zum Bestreuen (nach Belieben)

AUSSERDEM

Ausstecher oder Glas (8 cm Ø)

Ausstecher oder Glas (3 cm Ø)

1

In ein hitzebeständiges Schälchen 40 g Butter geben und im Airfryer (ohne Vorheizen) bei 180° in 3–5 Min. schmelzen, dabei zwischendurch ein- bis zweimal umrühren. Inzwischen Milch lauwarm erwärmen, mit Hefe und ½ EL Zucker in einem Schälchen verrühren, 5–10 Min. stehen lassen, bis die Hefe richtig schäumt und arbeitet.

2

Übrigen Zucker (1 ½ EL), Mehl und ¼ TL Salz in einer Rührschüssel mischen. Das Ei verquirlen und mit der lauwarmen Butter und dem Hefeansatz zum Mehl geben. Alles auf kleiner Stufe mit den Knethaken des Handrührgeräts 4–6 Min. kneten, bis sich alles gut verbunden hat, dann weitere 6–7 Min. auf hoher Stufe kneten, bis der Teig weich und elastisch ist. Teig in eine leicht mit Mehl ausgestäubte Schüssel geben und zugedeckt an einem warmen Ort 1–1 ½ Std. gehen lassen, bis der Teig sich verdoppelt hat.

3

Nach der Ruhezeit den Teig auf eine leicht bemehlte Arbeitsfläche geben und kurz zusammenkneten, dann ca. 2,5 cm dick ausrollen. Mit einem Ausstecher einen Kreis mit ca. 8 cm Ø aus dem Teig ausstechen, darin mittig mit einem kleineren Ausstecher einen Kreis mit ca. 3 cm Ø ausstechen. Den so entstandenen Teigring auf ein tiefes, mit Backpapier ausgelegtes Blech legen. Übrigen Teig wieder zusammenkneten, dabei den kleinen Teigkreis mit unterkneten.Teig erneut ausrollen und ausstechen. So den gesamten Teig zu vier Donuts verarbeiten. Donuts auf dem Blech mit Frischhaltefolie abdecken und 30–45 Min. an einem warmen Ort gehen lassen.

4

Die übrige Butter (25 g) schmelzen. Den Frittierkorb dünn mit etwas flüssiger Butter bepinseln. Die Donuts in den Frittierkorb legen und mit der restlichen Butter bepinseln. Den Airfryer auf 175° einstellen, ggf. vorheizen. Die Donuts darin in 5–6 Min. goldbraun backen. Herausnehmen und abkühlen lassen.

5

Für die Glasur die Butter in ein hitzebeständiges Schälchen geben, Schokolade in kleine Stücke brechen und mit 2 EL Wasser und Ahornsirup dazugeben. Im Airfryer bei 180° in 4–5 Min. schmelzen, dabei ein- bis zweimal umrühren. Die Donuts mit einer Seite in die Glasur eintauchen, abtropfen und auf einem Kuchengitter trocknen lassen oder die Glasur mit einem Pinsel auf die Donuts streichen. Wer möchte, bestreut die Donuts noch mit Schokoplättchen, Zuckerstreuseln oder -perlen, solange die Glasur noch feucht ist.

Fake-Churro-Bällchen

Für 12 Stück

20 Min. Zubereitung
10 Min. Backen

Pro Stück ca. 180 kcal

1 Packung Knack-und-Back Buttermilchbrötchen-Teig (300 g)

120 g Schoko-Nuss-Aufstrich

90 g Butter

100 g Zucker

2 EL Zimtpulver

1

Ein Stück Backpapier auf Größe des Frittierkorbs zurechtschneiden und in den Korb einlegen. Den Airfryer auf 165° einstellen und ohne den Frittierkorb ca. 5 Min. vorheizen.

2

Inzwischen den Brötchenteig aus der Packung nehmen und die einzelnen dicken Teigkreise einmal quer halbieren, sodass man zwei dünnere Kreise erhält. Dann jedes Teigstück mit den Handballen leicht flach drücken zu jeweils einem Kreis von ca. 10 cm Ø.

3

Je 1 TL Schoko-Nuss-Aufstrich in die Mitte jedes Teigstücks geben. Zwei gegenüberliegende Teigseiten über der Füllung zusammenfassen und -drücken, dann die beiden noch offenen Seiten zusammennehmen und zusammendrücken. Anschließend den Teig vorsichtig an allen noch offenen Stellen zusammendrücken und zu einem runden Bällchen formen. Die Bällchen mit der »Naht«-seite nach unten in den Frittierkorb einlegen.

4

Die Bällchen im vorgeheizten Airfryer in 5–6 Min. goldbraun backen, dabei nach etwa der Hälfte der Zeit das Backpapier unter den Bällchen wegziehen und die Bällchen wenden. Inzwischen Butter in Stückchen schneiden und in ein hitzebeständiges Schälchen geben. Zucker und Zimt in einem tiefen Teller oder Schälchen mischen.

5

Die fertigen Bällchen aus dem Airfryer nehmen. Die Butter im Airfryer in 1–3 Min. bei 180° schmelzen, dabei ein- bis zweimal durchrühren. Das Schälchen mit Topflappen herausnehmen. Die Bällchen nacheinander erst in der Butter wenden, überschüssige Butter abtropfen lassen, dann die Bällchen im Zimtzucker wälzen. Die Bällchen warm genießen.

Banana-Swirl-Kuchen

Für 12 Stücke

20 Min. Zubereitung
10 Min. Backen

Pro Stück ca. 340 kcal

100 g Zartbitterschokolade

3 große, reife Bananen

2 TL Zitronensaft

300 g Mehl

2 TL Backpulver

150 g weiche Butter (+ Butter für die Form)

125 g Rohrohrzucker

Salz

1 Päckchen Vanillezucker

1 Ei (L)

150 g saure Sahne

AUSSERDEM

Backform (ca. 20 × 20 cm)

1

Die Schokolade in kleine Stücke brechen oder hacken und in ein hitzebeständiges Schälchen geben. Airfryer auf 180° einstellen (ohne Vorheizen). Das Schälchen mit der Schokolade in den Frittierkorb stellen und die Schokolade im Airfryer in 3–5 Min. schmelzen, dabei ein- bis zweimal durchrühren.

2

Inzwischen die Bananen schälen und in Stücke schneiden. Mit Zitronensaft beträufeln und mit einer Gabel so fein wie möglich zermusen. Das Mehl mit dem Backpulver mischen.

3

Die Backform mit Butter fetten. Die 150 g Butter in Stücke schneiden und in einer Rührschüssel mit den Schneebesen des Handrührgeräts cremig rühren, dabei nach und nach den Zucker, 1 Prise Salz und Vanillezucker dazugeben. Anschließend das Ei dazugeben und alles zu einer cremigen Masse weiterrühren, dann die saure Sahne und zuletzt das Bananenmus dazugeben und unterrühren.

4

Die Mehlmischung dazugeben und alles zügig und gründlich mit einem Teigspatel untereinanderrühren. Die Masse in der Schüssel glatt streichen, dann die geschmolzene Schokolade darüberträufeln und mit dem Teigspatel grob unter den Teig ziehen – wie bei einem Marmorkuchen. Anschließend den Teig in die Form geben und glatt streichen, die Form in den Airfryer stellen.

5

Den Airfryer auf 165° einstellen, ggf. vorheizen. Den Swirl-Kuchen darin 45–50 Min. backen. Gegen Ende die Stäbchenprobe machen (s. Tipp). Fertigen Kuchen herausnehmen, etwas abkühlen lassen, dann auf ein Kuchengitter stürzen und vollständig abkühlen lassen. Zum Servieren in zwölf Stücke schneiden.

Tipp

Um zu testen, ob der Teig schon durchgebacken ist, den Kuchen in der Mitte mit einem Holzstäbchen tief einstechen. Stäbchen herausziehen. Ist es trocken, ist der Kuchen gar, hängt noch feuchter Teig daran, Kuchen noch etwas länger backen.

Carrot-Cake

Für 9 Stücke

25 Min. Zubereitung
1 Std. 15 Min. Backen
30 Min. Kühlen (wenn möglich)

Pro Stück ca. 820 kcal

FÜR DEN CAKE

200 g Möhren

100 g Walnusskerne

200 g ungezuckerte Ananas (aus der Dose)

250 g Mehl

Salz

2 TL Backpulver

knapp 1 ½ TL Zimtpulver

50 g Kokosraspel

280 g brauner (Roh-)Rohrzucker

3 Eier (L)

200 ml Sonnenblumenöl zum Braten

FÜR DAS FROSTING

60 g weiche Butter

120 g Doppelrahmfrischkäse

350 g Puderzucker

2 EL Zitronensaft

1

Für den Cake die Möhren schälen und auf der Rohkostreibe fein reiben. Walnüsse mit einem Messer in grobe Stücke hacken. Die Ananas gut abtropfen lassen, fein würfeln und möglichst noch etwas kleiner hacken. Mehl, ¼ TL Salz, Backpulver, Zimtpulver und Kokosraspel mischen. Die Backform mit Butter fetten.

2

Zucker, Eier und Öl in einer Schüssel gründlich verrühren. Die Ananaswürfel unterrühren, dann die Mehlmischung dazugeben und alles gründlich verrühren. Zuletzt gehackte Walnusskerne und geriebene Möhren unterheben. Den Teig in die Form füllen.

3

Den Airfryer auf 165° einstellen, ggf. vorheizen. Die Backform in den Frittierkorb stellen. Kuchen im Airfryer in 1 Std. – 1 Std. 15 Min. goldbraun backen. Gegen Ende der Backzeit die Stäbchenprobe machen: Dazu den Kuchen in der Mitte mit einem Holzstäbchen tief einstechen. Ist das Stäbchen beim Herausziehen trocken, ist der Teig durchgebacken. Hängt noch feuchter Teig daran, muss der Kuchen noch etwas länger backen.

4

Den fertigen Carrot-Cake aus dem Airfryer nehmen und in der Form auf einem Kuchengitter abkühlen lassen. Anschließend den Kuchen aus der Form lösen und stürzen.

5

Für das Frosting die weiche Butter in Stücke schneiden und mit dem Frischkäse in eine Rührschüssel geben. Butter und Frischkäse mit den Rührbesen des Handrührgeräts cremig rühren. Den Puderzucker nach und nach dazugeben und unterrühren. Alles zunächst auf kleiner Stufe cremig rühren, dann auf höchster Stufe weiterrühren, bis das Frosting cremig-fluffig ist, dabei den Zitronensaft unterrühren.

Wie aus dem Coffeeshop

Tipp

Wem das Frosting zu aufwendig oder zu kalorienreich ist – der Kuchen schmeckt auch mit einem einfachen Puderzuckerguss: Dazu 200 g Puderzucker mit 2–3 EL Wasser oder Zitronensaft verrühren, auf dem Kuchen verteilen und fest werden lassen.

Wie aus dem Coffeeshop

6

Das Frosting mit einem Löffel auf der runden Seite des ausgekühlten Kuchens verteilen und wolkig verstreichen. Den Carrot-Cake vor dem Servieren möglichst noch ca. 30 Min. im Kühlschrank durchkühlen lassen, dann in Stücke schneiden.

AUSSERDEM

Backform (20 × 20 cm)

Butter für die Form

Register

T

W

Z

APPETIT AUF MEHR?

ISBN 978-3-8338-7304-1

ISBN 978-3-8338-7691-2

ISBN 978-3-8338-7082-8

ISBN 978-3-8338-6620-3

ISBN 978-3-8338-7950-0

ISBN 978-3-8338-6623-4

Alle hier vorgestellten Bücher sind auch als eBook erhältlich.

G|U

Mehr von GU auf **www.gu.de** und **facebook.com/gu.verlag**

Impressum

QUALITÄTS G|U GARANTIE

LIEBE LESERINNEN UND LESER,

wir wollen Ihnen mit diesem Buch Informationen und Anregungen geben, um Ihnen das Leben zu erleichtern oder Sie zu inspirieren, Neues auszuprobieren. Wir achten bei der Erstellung unserer Bücher auf Aktualität und stellen höchste Ansprüche an Inhalt und Gestaltung. Alle Anleitungen und Rezepte werden von unseren Autoren, jeweils Experten auf ihren Gebieten, gewissenhaft erstellt und von unseren Redakteur*innen mit größter Sorgfalt ausgewählt und geprüft.

Haben wir Ihre Erwartungen erfüllt? Sind Sie mit diesem Buch und seinen Inhalten zufrieden? Wir freuen uns auf Ihre Rückmeldung. Und wir freuen uns, wenn Sie diesen Titel weiterempfehlen, in Ihrem Freundeskreis oder bei Ihrem Online-Kauf.

Sollten wir Ihre Erwartungen so gar nicht erfüllt haben, tauschen wir Ihnen Ihr Buch jederzeit gegen ein gleichwertiges zum gleichen oder ähnlichen Thema um.

KONTAKT ZUM LESERSERVICE

GRÄFE UND UNZER VERLAG
Grillparzerstraße 12
81675 München
www.gu.de

G|U

GU ist eine eingetragene Marke der GRÄFE UND UNZER VERLAG GmbH, www.gu.de

ISBN 978-3-8338-9491-6
5. Auflage 2025

Projektleitung: Nathalie Künzl
Lektorat: Susanne Bodensteiner
Bildredaktion: Petra Ender
Gesamtgestaltung: ki36 Editorial Design, Stephanie Reindl, München
Herstellung: Chiara Knell
Satz: Longo AG, Bozen
Reproduktion: Longo AG, Bozen
Druck + Bindung: Firmengruppe APPL, aprinta druck, Wemding

Umwelthinweis:
Nachhaltigkeit ist uns sehr wichtig. Der Rohstoff Papier ist in der Buchproduktion hierfür von entscheidender Bedeutung. Daher ist dieses Buch auf PEFC-zertifiziertem Papier gedruckt. PEFC garantiert, dass ökologische, soziale und ökonomische Aspekte in der Verarbeitungskette unabhängig überwacht werden und lückenlos nachvollziehbar sind.
Die GU-Homepage finden Sie unter www.gu.de

Bildnachweis:
Meike Bergmann: Cover
Jan Wischnewski: alle Fotos im Innenteil, außer:
Adobe Stock: S. 11
Alamy: S. 116
Getty Images: S. 9
ki36 Editorial Design, Anika Neudert, München: Illu S. 8
Silke Haßfeld: Collage auf S. 2 mit Stockbild von Stocksy
Seasons Agency: S. 13, 14
Stocksy: S. 6, 52, 82
Bildagentur Image Professionals GmbH, Tumblingerstr. 32, 80337 München www.imageprofessionals.com

Wichtiger Hinweis
Die Gedanken, Methoden und Anregungen in diesem Buch stellen die Meinung bzw. Erfahrung der Verfasserin dar. Sie wurden von der Autorin nach bestem Wissen erstellt und mit größtmöglicher Sorgfalt geprüft.